Werkstattbuch Peter Härtling

D1858881

BELTZ
& Gelberg

Die Auswahl und Zusammenstellung dieses Werkstattbuches besorgte Barbara Gelberg. Das Interview mit Peter Härtling führte Juliane Spatz.

Peter Härtling wird am
13. November 1998
65 Jahre alt.
Herzlichen Glückwunsch!

Gulliver Taschenbuch 319
Originalausgabe
© 1998 Beltz Verlag, Weinheim und Basel
Programm Beltz & Gelberg, Weinheim
Alle Rechte vorbehalten
Einband von Max Bartholl
unter Verwendung eines Fotos von Isolde Ohlbaum
Gesetzt nach der neuen Rechtschreibung
Gesamtherstellung Druckhaus Beltz, 69494 Hemsbach
Printed in Germany
ISBN 3 407 78319 1
1 2 3 4 5   02 01 00 99 98

Fragen zur Person

Sind oder waren Sie verheiratet? Ich bin seit 1959 verheiratet mit Mechthild Maier. Aber wir kannten uns schon während der gemeinsamen Schulzeit, seit 1947.

Haben Sie Kinder? Ja, wir haben vier Kinder: Fabian (geb. 1963), Friederike (1965), Clemens (1966) und Sophie (1970). Und zwei Enkelkinder: Marie (1992), Hannah (1998).

Hatten Sie als Kind einen Spitznamen? Welchen? Eine Zeit lang wurde ich Pit gerufen.

In welchem Land möchten Sie leben? In diesem Land, zwischen Frankfurt und Konstanz. Auch wenn mir die Leute, die mein Land regieren, nicht immer passen.

Welchen Beruf möchten Sie am liebsten ausüben? Den, den ich habe: Schriftsteller.

Welches Ihrer Bücher hat die höchste Auflage? Wahrscheinlich: *Ben liebt Anna.*

Welche Ihrer Bücher sind verfilmt? *Oma* (2-mal im Fernsehen, SFB und NDR), *Ben liebt Anna* (SFB), *Jakob hinter der blauen Tür* (Kinofilm) und *Krücke* (ZDF).

Was empfehlen Sie Kindern, die Bücher schreiben wollen? Neben der Lust an der Sprache und der notwendigen Phantasie vor allem Ausdauer, Geduld und Neugier auf Menschen.

Gehen Sie gerne ins Kino? Ja. Viel zu selten.

Wie oft (in der Woche) sehen Sie fern? Wenn ich zu Hause bin, wenigstens die Tagesschau.

Wie viele Bücher lesen Sie ungefähr im Jahr? Zwischen fünfzig und achtzig.

Wie viele Lesungen aus Ihren Büchern machen Sie im Jahr?
Jetzt nicht mehr so viele wie noch vor ein paar Jahren. Da konnten es hundert werden.

Haben Sie auch Hobbys? Welche? Lesen. Schwimmen. Mit meiner Frau, meinen Kindern, Freunden quatschen, feiern.

Foto: Isolde Ohlbaum

Welches sind Ihre Lieblingstiere? Elefant. Igel. Delphin. Esel.
Ihre Lieblingsblumen? Margerite.
Ihre Lieblingsfarben? Weinrot.
Ihre Lieblingsnamen sind? Katharina, Mirjam, Sophie, Rike, Jakob, Franziska, Effi, Fabian, Johannes, Tobias.
Ihr Lieblingsessen? Fische, Krebse, Minestrone, Knoblauchbrot.
Ihr Lieblingsschimpfwort? Knalltüte.
Ihre Lieblingsmusik? Ein paar Lieder von den Beatles, von Bob Dylan und von Woody Guthrie. *Die Winterreise*, viele Lieder und die späten Klaviersonaten von Franz Schubert. Mozarts »Don Giovanni«.
Ihre drei liebsten Bücher? *Krieg und Frieden* von Leo Tolstoi, *Der Stechlin* von Theodor Fontane, *Gedichte* von Friedrich Hölderlin.
Welches von Ihren eigenen Büchern haben Sie am liebsten? Immer das, an dem ich gerade schreibe oder mit dem ich eben fertig gewor-

den bin. Also: *Tante Tilli macht Theater*. Aber auch: *Krücke, Hölderlin, Der Wanderer, Große, kleine Schwester.*

Wen oder was bewundern Sie? Menschen, denen es ein Leben lang gelingt, menschenfreundlich zu bleiben.

Wen oder was fürchten Sie? Menschen, die aus Machthunger, Neid, Gier, Egoismus andere Menschen verfolgen, quälen, morden.

Was ist Ihr größter Fehler? Nachgiebigkeit.

Was wäre für Sie das größte Unglück? Krieg.

Welche Eigenschaften schätzen Sie bei einem Kind am meisten? Lebenslust, Aufmerksamkeit, Freundlichkeit, Intelligenz.

Bei einer Frau? Lebenslust, Aufmerksamkeit, Freundlichkeit, Intelligenz.

Bei einem Mann? Lebenslust, Aufmerksamkeit, Freundlichkeit, Intelligenz.

Was wünschen Sie Kindern, wenn sie groß sind? Frieden. Dass unsere Erde bewohnbar bleibt. Dass die Menschen es mehr und mehr lernen, voneinander zu lernen und miteinander umzugehn.

Welche drei Wünsche hätten Sie gerne frei? Ein allgemeiner und zwei persönliche: 1. dass wir Menschen es schaffen, uns unsern Planeten zu bewahren; 2. dass meine Kinder nach ihren Vorstellungen leben können; 3. dass ich in Frieden noch ein paar Bücher schreiben kann.

Härtling – Erneuerer der Kinderliteratur

Von Hans-Joachim Gelberg

Sie kennen wohl alle diese alten Kinderfotos vom ersten Schultag, jeder hat sie in seinem Fotoalbum. Auch von Peter Härtling gibt es ein solches Foto vom ersten Schultag, 1940 (siehe S. 31), mitten im Krieg, ohne Zuckertüte, aber schon mit Tornister, die riesige Butterbrottasche umgehängt und mit ernstem, verzweifelt traurigem Gesicht.
Die Gefühle des Kindes auf dem Foto, das wir einmal waren und nun wie nach hundert Jahren neu betrachten, lassen sich nicht mehr nachvollziehen. Härtling sagte dies einmal so: »Das Kind auf dem Bild kann ich nicht mehr sein. Ich imitiere und fälsche, rede mir ein, was ich gefühlt und gedacht habe, wie es zu diesem Ausschnitt aus meinem Leben kam, versuche, eine Kontinuität herzustellen, die es gar nicht gibt … Das bin ich. Das war ich. War ich der? Wie? Kann ich den Atemzug des Kindes wiederholen?«
Dies ist wohl wahr, Gefühle der Kinder von damals sind unwiederbringlich. Und doch sind sie nirgendwo so deutlich nachgebracht und aufgehoben wie in der Literatur. Härtling, wenn er von seiner Autorschaft spricht, bezeichnet diesen Vorgang mit »finden und erfinden«. Was immer der Autor also erfindet, die Leser gehen lesend davon aus, dass sich alles so zugetragen hat, wie es nun getreulich erzählt ist. Daran haben besonders Kinder keinen Zweifel. Sie trauen dem Autor die Wahrheit der Geschichte zu. Sie identifizieren sich, mitunter auch verzweifelt und unter Tränen, mit der erzählten Wirklichkeit. Und alle Gefühle, die Glücksmomente, Traurigkeiten, Verluste wiederholen sich unweigerlich im lesenden Kind.
Es gehört zum Schönsten dieser Literatur, die wir für Kinder veröffentlichen, dass sie in guten und erst recht in schlechten Tagen wärmen und behüten kann. Unser Vertrauen wächst, so lange wir erzählte Wirklichkeit erfahren. Es ist falsch anzunehmen, Literatur sei irgendetwas neben anderen medialen Unterhaltungskünsten, deren es so viele gibt. Literatur ist eine feste Größe.

Im Erzählten wohnt der Erzähler. Und den gibt es eben nur einmal, auch wenn er uns hunderttausendfach gedruckt vorliegt. Der Erzähler baut das Haus und sucht die Landschaft und sammelt Menschen. Er lässt es hell oder dunkel sein und bestimmt den Tageslauf. Ich will damit sagen, dass es sehr wohl wichtig und richtig ist zu bedenken, auf welchen Erzähler man sich einlässt.

Wir alle hier – und nicht nur wir – haben uns auf den Erzähler Peter Härtling eingelassen. Ja, wir ehren und feiern ihn. Und ich soll etwas zum Werk dieses Autors sagen, der ja nicht nur Kinderbücher geschrieben hat. Die Titel seiner Bücher, wollte man sie alle erwähnen, ergeben kleingedruckt in jedem Katalog gleich mehrere Seiten. Und es sind auch die schon erwähnten hunderttausender Auflagen dabei. Härtling hat sich in seinen Romanen auf hochkomplizierte Lebensgeschichten eingelassen: die Dichter Lenau, Hölderlin, Mörike, Waiblinger, die Komponisten Schubert und Schumann, und er versucht immer wieder von Neuem sich und uns Vergangenheiten zu erklären, seine eigene und die der anderen, die wir nicht vergessen wollen. Seine Romane, Gedichte, Essays und besonders seine Reden weisen ihn aus als einen Schriftsteller, der uns zugleich sehr nah und oftmals auch fern ist. Er eilt uns voraus. Wir möchten ihn einholen und festhalten; denn ohne ihn wären wir ärmer. Ärmer wären auch die Kinder, die seine Bücher nun schon in der zweiten Generation lesen. Sein neunjähriger Hirbel, dieses ergreifende Kind (1973 hörten wir zum ersten Mal von ihm), wäre in diesem Jahr dreiunddreißig geworden. Aber wir wissen nicht, was aus dem Hirbel geworden ist. Und der Kalle aus der »Oma« müsste inzwischen auch fast dreißig sein. – Kann man so fragen? Bleiben sie – Hirbel, Kalle, Fränze, Theo, Jakob und die anderen – immer im gleichen Alter, in dem sie uns begegneten? Stimmt es noch, wenn die Leute von Kalles Oma behaupten, mit 67 Jahren ist man alt? Darauf pflegte die Oma stets zu antworten, man ist so jung, wie man sich fühlt. Und Ben liebt Anna nun bald schon in der dritten Leser-Generation, somit irgendwie alterslos? – Fragen, die kein Leser stellt. Der Leser stellt sich mitten ins erzählte Leben. So bleiben die Kalles und Fränzes so jung, wie sie sich fühlen.

Peter Härtling hat in seinen Kinderbüchern thematisiert, was Kinder und Erwachsene gemeinsam, gegeneinander, füreinander, miteinander erleben. Das Leben der Kinder verläuft selten ausgewogen und angstfrei, weil das Leben der Erwachsenen nicht anders verläuft. In seinen Geschichten hat Peter Härtling diese täglichen Kindserfahrungen mitgeteilt: Eltern in Scheidung, elternlos, abhauen und das Weite suchen, Heim, Behinderung, Krankheit, aber auch Glückserfahrungen, Blödsinn, alles. Nichts davon ist modisch herausgeputzt, etwa als Problem der Extraklasse – es ist eben das, was Kinder mit Erwachsenen erleben. Und immer wieder gibt Härtling seinen Geschichten eine Mitte, eine, die ruhig atmen lässt. Es ist dies die Begegnung mit besonderen Menschen. Der zehnjährige David braucht seine Tante Tilli, diese merkwürdige Person, und er behält sie, auch gegen den Vater. Und Theo oder Bims (wie er auch heißt) findet Papa Schnuff. Jakob (hinter der blauen Tür) findet den Freund, der ihn retten hilft. Lena, Jette, Fränze – ihnen gelingt, weil sie dringend eine Hilfe brauchen, sich selber zu helfen. Und beim Selberhelfen wird ihnen geholfen. Und Thomas, in den Nachkriegswirren greift er sich in seiner Not mit »Krücke« einen Retter voller Widerspruch.
Oft sind es die Alten, die den Kindern in Härtlings Büchern eine Ahnung vermitteln vom Anderssein im Leben. So die »Oma«, und ebenso der 75-jährige Alte John, wie er einbricht ins scheinbar geordnete Familienleben der Schirmers! Der Leser spürt, da hat der Autor liebevoll hingelangt. Das sind nicht die müden alten Männer, wie wir sie aus den sprachgeschöpften Kindergeschichten von Peter Bichsel kennen. Nein, Härtling geht es selten darum, was seiner mit sich allein anfängt; vor allem in seinen Kinderbüchern findet er lieber ins Gemeinsame einer Familie, zum Beispiel in »Mit Clara sind wir sechs«.
Natürlich fragt man sich, wo nimmt er sie her, *seine* Personen? Erfunden können sie doch eigentlich nicht sein. Härtling gibt gern freimütige Auskunft. Und Kinder stellen genaue Fragen. Härtling kennt diese Fragen, weil er oft mit Kindern spricht, mit ihnen korrespondiert. Natürlich hat es sie alle gegeben: Krücke und Alter John, Buchhändler Topf und die verrückte Tante Tilli. Und es hat auch das Kind Thomas,

Härtling und Hans-Joachim Gelberg

ohne Vater und Mutter, hungrig, verzweifelt zwischen Trümmern herumirrend, gegeben – und dieses »Kind« gibt es noch; denn Härtling erzählt in »Krücke« aus seiner eigenen Kindheit.

Es sind die eigenen Kindheiten, die den Erzähler stärken, wenn er tief in den Brunnen der Vergangenheit blickt. Hier ist alles offen, aber es ist ein langer, beinahe endloser Weg. Und dann folgen die Kindheiten der eigenen Kinder. Davon hat Härtling nachsinnend reichlich Gebrauch gemacht. Mit seinem ersten Kinderbuch, den Tagesläufen seiner eigenen Kinder, versucht er Kinderwirklichkeit nahezubringen. Dies war, 1969, ein erster Entwurf zu einer neuen Kinderliteratur. Und die war damals mal gerade eben erst angedacht. Härtling ist der eigentliche Erneurer der Kinderliteratur. Dies muss so gesagt werden, und ich weiß das, weil ich ein Augenzeuge bin.

Das bietet Gelegenheit, sich mit einigen Motiven zu befassen. Ich glaube, von Anfang an sind Härtlings Kinderbücher dialogisch angelegt. Er sucht Leser, denen er erzählen kann, was ihm bewegt. Und was

Leser bewegt. Was Kinder bewegt. Und er versucht dies ohne Umweg zu erreichen. Er erzählt unvermittelt, wie Kinder es lieben. Damit widerspricht er einer gewissen Theorie, die Literatur gern im Elfenbeinturm stattfinden läßt.

Vergessen wir nicht, Härtling ist ein Autor, der seine Wurzeln in den 70er Jahren hat. Auch ich wurzele dort. Damals forderten Mann und Frau – in unserem misslungenen »Jahrhundert des Kindes« – die Rechte der Kinder von Neuem ein und begannen gleichzeitig von Kindern zu lernen: Spontanität und Vertrauen. Und wir studierten zum ersten Mal die Werke von Janusz Korczak, setzten auf Veränderung, auch auf Veränderung der Kinderliteratur. Dies mag in all den Jahren gelungen sein oder nicht (ich sehe das inzwischen skeptisch) – Härtling selbst hat sein Erzählen eingelöst. Es ist jedenfalls ein Glück, dass dieser Erzähler auch die Kinderliteratur gewählt hat.

Die Zeit bleibt nicht stehen. Härtling selbst erinnert sich: »Mein erstes Buch … schrieb ich mit sechzehn. Angefangen zu schreiben habe ich wohl mit vierzehn als Schüler …« Unter später, in einer Rede, fügt er hinzu: »Meine Kinder, die mich lehrten, Kinder ernst zu nehmen, von ihnen als Gefährten zu lernen, sind inzwischen erwachsen. Ich bin mit ihnen und meinen Büchern gealtert. Auch mit den Lesern. Immer häufiger bitten mich junge Frauen oder Männer nach einer Lesung, ein zerfleddertes Exemplar vom Hirbel oder von der Oma zu signieren, und erklären etwas verlegen, das hätten sie noch während der Schule gelesen. Und jedes Mal wäge ich die Jahre ab, meine und ihre.«

Härtling weiß um die Gefahr innerer Fremdheit, der wir – je mehr wir miteinander verbunden werden – zu erliegen drohen. Alle seine Bücher – nicht nur die Kinderbücher – haben diese innere Stimme (ich sage nicht »Botschaft«), leise wie mit den Fingerkuppen auf die Trommel gehaucht: »Lebe so aufmerksam wie möglich, nie ganz ohne Zuversicht und hoffentlich nie ganz ohne Liebe … « So lautet Härtlings Rat an die Enkel, die sich nun anschicken werden, seine Bücher zu lesen. ●

Laudatio zum Voerder Jugendbuchpreis an Peter Härtling im Wasserschloss Haus Voerde, 2. 11. 1997

Briefe zu »Ben liebt Anna«

Kinder erzählen weiter …

So beginnt die Geschichte von Ben und Anna, die Peter Härtling geschrieben hat:
»Dies ist kein Vorwort. Ich will bloß mit ein paar Sätzen erkären, warum ich die Geschichte von Benjamin Körbel und Anna Mitschek erzähle. Manchmal sagen Erwachsene zu Kindern: Ihr könnt noch gar nicht wissen, was Liebe ist. Das weiß man erst, wenn man groß ist. Dann haben die Älteren eine Menge vergessen, wollen mit euch nicht reden oder stellen sich dumm. Ich erinnere mich gut, wie ich mit sieben Jahren zum ersten Mal verliebt war. Das Mädchen hieß Ulla. Es ist nicht die Anna in diesem Buch. Aber wenn ich von Anna erzähle, denke ich auch an Ulla. Ben hat Anna eine Weile sehr lieb gehabt. Und Anna Ben.«

•

Wie geht die Geschichte weiter?
Herr Seibmann meinte, dass die Klassenfahrt fällig sei, und sagte: »Wir fahren ins Ruhrgebiet.« Ben war außer sich vor Freude. »Dann fahren wir ja zu Anna!«, rief er in die Klasse. »Ja«, sagte Herr Seibmann, »wir fahren zu Anna.« Das war eine Freude für Ben. »Wir fahren am 9. August.« Die Tage wollten und wollten nicht vergehen. Dann war es so weit. Ben rannte noch schnell ins Geschäft und kaufte eine Kette mit einem »B« als Anhänger. Der Bus stand schon da. Ben war der Letzte. Sie fuhren 3 1/2 Stunden.

Neuausgabe 1997, Titelbild von Eva Muggenthaler

Es war schön. Endlich zu Anna. »Endstation«, klang es aus dem Lautsprecher im Bus. Sie gingen in ihre Herberge. Plötzlich stand Anna in der Tür des Nachbarhauses. Sie entdeckte Ben. Sie rannten aufeinander zu und umarmten sich. Dann schenkte Ben ihr die Kette. Sie legte sie sofort um. »Jetzt habe ich Anna doch noch einmal gesehen«, meinte Ben zufrieden. *Tanja*

•

Seitdem Anna weg ist, macht die Schule für Ben überhaupt keinen Spaß mehr. Alles ist so langweilig geworden. Jede Stunde muss er an Anna und an den Brief, den er ihr schreiben will, denken. Als er zu Hause ist, geht er gleich in sein Zimmer und schreibt:

Liebe Anna, wie geht es dir? Uns geht es allen sehr gut. Ohne dich macht es mir gar keinen Spaß mehr. Ich würde mich freuen, wenn du mich mal besuchst. Wir haben in der Schule jetzt eine Lehrerin. Sie heißt Frau Strätz. Sie ist ganz nett, aber wir müssen in einem Aufsatz über unseren ersten Kummer berichten. Ich werde schreiben, dass du weggezogen bist. Warum wir eine neue Lehrerin haben? Herr Seibmann liegt im Krankenhaus. Er ist am 19. Juli mit hoher Geschwindigkeit gegen einen parkenden PKW gerast. Jetzt liegt er mit einer Gipshaube im Krankenhaus. Mehr ist bei uns nicht passiert. Wie geht es denn bei dir in der neuen Schule? Hat dein Vater denn schon eine Arbeit bekommen? Schreib mir zurück, ob du kommen darfst!
dein Ben

Ben durchgingen nun noch die Gedanken, ob Anna den Brief bekommen wird und ihm zurückschreibt.

Jeden Tag, wenn der Postbote kommt, rennt Ben zur Tür und fragt, ob ein Brief aus dem Ruhrgebiet dabei ist, aber der Postbote gibt immer ein »Nein« auf Bens Frage. Ben hat die Hoffnung auf einen Brief von Anna schon aufgegeben. Als der Postbote am nächsten Morgen wiederkommt, bleibt Ben gleich in seinem Zimmer. Plötzlich kommt Mutter hereingestürmt und ruft: »Ben, ein Brief aus dem Ruhrgebiet ist gekommen.« Ben springt auf, reißt seiner Mutter den Brief aus der Hand und öffnet ihn. Er faltet den Briefbogen auseinander und liest:

Eva Muggenthaler

Lieber Ben, wie geht es dir? Mir und meiner Familie geht es gut. Wir haben schon eine neue Wohnung. Es ist sehr schön hier. Ich vermisse dich sehr. Ich habe meine Eltern gefragt, ob ich zu euch kommen darf, aber sie sagen, erst sollst du zu mir kommen, weil du unsere neue Wohnung noch nicht gesehen hast. Ich hoffe, du darfst. Meine Eltern freuen sich schon sehr auf dich. deine Anna P.S. Wie geht es der Meersau Trudi?

Ben war so glücklich wie noch nie. Er legte sich aufs Bett und stellte sich Anna und die neue Wohnung vor. Mutter kam herein und zerstörte Bens Gedanken. Sie sagte: »Na, was schreibt sie denn?« Ben gab ihr den Brief und ging hinaus zum Spielen.

Am nächsten Morgen brauchte Ben nicht zur Schule, denn es war Samstag. Es war 10.00 Uhr, als Ben aufwachte. Plötzlich klopfte es an seiner Schlafzimmertür und Vater kam herein. Er sah, dass Ben wach war, und sagte: »Hast du nicht Lust, mit Mutter und mir übers Wochenende zu Anna zu fahren?« Ben war außer sich vor Freude und rief: »Ja, natürlich habe ich Lust. Ich fange gleich an, meine Koffer zu packen.« Vater ging lächelnd aus dem Zimmer. Ben dachte: Jetzt werde ich Anna doch noch einmal sehen.

Diane und Manuela, Wittingen

•

Hallo, Herr Härtling! Wir haben in der Klasse schon 3 Bücher von Ihnen gelesen (»Das war der Hirbel«, »Oma« und »Ben liebt Anna«), und ich finde sie super. Ich finde bloß nicht so gut, dass sie meistens einen traurigen Schluss haben. Gerade bei »Ben liebt Anna« hätte ich es toll gefunden, wenn die zwei zusammengeblieben wären. Auch finde ich es nicht gut, dass Sie keine Anführungsstriche gesetzt haben. Da weiß man manchmal gar nicht, ob geredet oder gedacht wird! Mit freundlichen Grüßen *Katja Franke*

•

Lieber Herr Härtling! Mir hat das Buch »Ben liebt Anna« sehr gut gefallen, denn wir haben das Buch in der Projektwoche gelesen und besprochen. Aber die Ausdrücke wie »Scheiße« und »Arsch« waren nicht so schön. Traurig fand ich, wie die Katja, Jens und der Bernhard die Anna ärgerten … Freundliche Grüße *Kai Helmke*

•

Lieber Herr Härtling! In der Schule haben wir das Buch »Ben liebt Anna« durchgenommen. Mir hat es gut gefallen. Weil das Buch so geschrieben war, wie es in der Wirklichkeit ist. Und Sie haben die Kinder so reden lassen, wie sie auch wirklich sprechen. Es grüßt Sie herzlich *Oliver Schneider*

•

Lieber Herr Härtling. Wir möchten Ihnen ein paar Fragen stellen. 1. Wieso benutzen Sie solche Ausdrücke wie Arsch und Scheiße? 2. Wie sind Sie auf das Buch »Ben liebt Anna« gekommen? 3. Wie sind Sie auf Onkel Gerhart gekommen? 4. Wieso haben Sie in der Geschichte kein Happy End. Viele Grüße von *Sven Becker/Oliver Koll*

•

Lieber Peter Härtling. Am lustigsten fand ich das Kapitel »Warum Bernhard mit dem Hintern heult«. Ich finde ausgerechnet dieses Kapitel gut, weil meistens ernste Sachen in Büchern beschrieben sind … Sie haben auf der Rückseite Ihres Buches erzählt, dass Erwachsene meinen, Kinder könnten noch gar nicht wissen, was Liebe ist. War das in Ihrer Kindheit auch so, dass Ihre Eltern das behauptet haben? Viele Grüße von *Christian Frost*

•

Lieber Herr Härtling. Mich hat Anna angesprochen, weil sie eine Aussiedlerin ist. Jetzt haben wir ja auch Aussiedlerprobleme in Deutschland. 1979 ist das Buch herausgekommen, als ich gerade geboren wurde. Mir hat gefallen, wie Bernhard mit dem Hintern heult. Ich finde auch gut, dass die Eltern und der Lehrer Verständnis haben … Herzlichst *Christian Ungruhe*

Peter Härtling über »Ben liebt Anna«

Bei »Ben liebt Anna« ist der Schluss ganz bewusst offen gelassen. Einmal möchte ich, dass die Phantasie der Leserinnen und Leser weiter geht, dass sie angereget werden, eine Geschichte weiter zu spinnen und weiter zu denken – und es gibt ja inzwischen eine Menge Fortsetzungen zu »Ben liebt Anna«, vor allem Briefwechsel zwischen Ben und Anna. Zum anderen aber – und das ist für mich auch wichtig – meine ich, dass es ganz egal ist, ob Erwachsene oder Kinder, Menschen mit zehn oder Menschen mit fünfzig, dass alle sich immer wieder klar machen müssen, dass Happy Ends oder Glück, oder wie man es auch immer nennt, etwas ist, was wir nie festhalten können. Dass es mit uns etwas zu tun hat, dass wir es vielleicht an anderer Stelle fortsetzen oder wiederfinden können, aber dass es keinen Dauerzustand von Glück gibt – wir würden dabei wahrscheinlich auch krank werden oder wahnsinnig –, sondern dass es ein Auf und Ab gibt, ein Voneinander-Weggehen, ein Aufeinander-Zugehen. Ich sage immer, unser Leben besteht aus ganz vielen Anfängen. Und wer das weiß und wer das kann, der ist gut dran.

Aus: »Wir Dichter brauchen eure Phantasie!« (Werkgespräch mit Hannelore Daubert) in: »Peter Härtling für Kinder«, Sonderheft »Der Bunte Hund«, Weinheim 1989 – vergr.

Titelbilder von Sophie Brandes, Peter Knorr und Jutta Bauer

Leserbriefe zu »Fränze« …

… und eine Antwort von Peter Härtling

Sehr geehrter Herr Härtling! Ich finde Ihr Buch »Fränze« sehr gut, weil sie sich traut, in der U-Bahn zu geigen. Ich fand auch die Mutter und Holger gut, weil sie Fränze unterstützt haben. Der Schluss war auch sehr spannend, find ich. Weil Fränze etwas in Bewegung setzt.
Gülsen

•

Sehr geehrter Herr Härtling! … wie schon gesagt, hat mir das Buch sehr gefallen. Und zwar, weil Sie in diesem Buch gezeigt haben, dass es nach einem großen Streit zwischen den Eltern nicht immer ein Happy End geben kann, wie es auch in anderen Situationen nicht immer eins geben kann … In Ihrem Buch waren viele Szenen, in denen man etwas lernen kann, z.B. wie mutig die Fränze war. Da hat man gelernt, man soll nicht einfach aufgeben. Auch wenn man keine Hoffnung mehr hat, dass man sich gerade da einfach durchschlagen muss. Jedenfalls fand ich Ihr Buch spannend, traurig, mitreißend, also einfach toll!
Annie

•

Sehr geehrter Herr Härtling! Ich muss sagen, dass es nicht viele Bücher mit solch einem Ende gibt. Ich meine damit, dass jedes Buch, was ich gelesen habe, fast immer ein Happy End hat, und Ihr Buch endet nicht so wie die anderen. Das gefällt mir an Ihrem Buch. Sie haben das Buch mit der Wirklichkeit verbunden und wollen damit beweisen, dass wenn man als Eltern sich trennt, es eine bestimmte Wirkung auf das Kind hat. *Pawel*

•

Sehr geehrter Herr Härtling! Das Buch entspricht der Wirklichkeit, weil es Familien gibt, die sich schlagen und man kann sich nicht konzentrieren, wenn man zu Hause Stress hat. Aus dem Buch können Erwachsene lernen, dass sie sich nicht gegenseitig schlagen und sich nicht trennen brauchen.
Nils

Härtling zu Besuch bei der Deutschen Schule New York in White Plains, 1997

Sehr geehrter Herr Härtling! Eigentlich lese ich ja Bücher über den Zweiten Weltkrieg und Bücher von Erich Kästner oder von Astrid Lindgren. Die Bücher, die Sie schreiben, da sind die Gefühle der Personen zu stark beschrieben … Ihr Buch ist mir zu echt. Ich glaube, ich lese lieber Geschichten, die nicht der Wirklichkeit entsprechen und meistens mit Happy End enden.
Adrian

Liebe Schülerinnen und Schüler der Klasse 6e,
sehr nachdenklich habe ich euer Meinungsheft gelesen, Brief für Brief. Fränze hat euch so beschäftigt wie mich auch. Bald wird es fünf Millionen Arbeitslose in unserem Land geben und Fränzes Vater ist nur einer von ihnen. Damals, als ich das Buch schrieb, erinnerte ich mich an Gespräche mit Kindern in Schulen. Sie erzählten mir von ihren Eltern und immer wieder kam zur Sprache, dass der Vater oder die Mutter keine Arbeit haben. Und immer wieder merkte ich,

Titelbild von Peter Knorr

wie die Kinder darunter litten. Das hat mich traurig und zugleich zornig gestimmt und ich fragte mich, wie es wäre, wenn ein Kind sich dagegen wehrt, wie überhaupt es sich wehren kann. Fränze hilft dabei die Geige. Das lag für mich nah, denn meine jüngste Tochter spielt Geige.

Manche von euch finden meine Art zu erzählen einfach »zu echt«. Genau das halte ich für wichtig. Denn mich fesseln als Schriftsteller Lebensgeschichten, mit all ihren großen und kleinen Wirklichkeiten. Und da es in keinem Leben – es sei denn, es findet im Fernsehen statt – allzu viele Happy Ends gibt, spare ich mit denen auch. Ich weiß, zu eurem Verdruss.

Einige von euch haben Fragen gestellt, die ich wenigstens in aller Kürze beantworten möchte:

Ich habe Familie und inzwischen vier erwachsene Kinder. Seit 25 Jahren arbeite ich, ohne noch einen weiteren Beruf zu haben, als Schriftsteller und, um auch diese Frage zu beantworten, bin in meinem Beruf »glücklich«. Meine Bücher schreibe ich stets an ein und demselben Ort: In meinem Arbeitszimmer, an einer aufgebockten großen Sperrholzplatte, da ich viel Platz für »Material« brauche. Im Übrigen auch für die Post, die sich oft zu Bergen häuft …

Ich wünsche euch alles Gute,
euer
Peter Härtling

Alle Zitate stammen aus Briefen der Klasse 6e der Rixdorfer Grundschule in Berlin

»Ich will exemplarische Fälle erzählen« oder: »Mir geht es um den Entwurf einer menschlichen Möglichkeit«

Ein Interview mit Peter Härtling am 27.3.1998
von Juliane Spatz

Sie schreiben für Kinder und für Erwachsene, in welchem Verhältnis zueinander stehen Ihre Bücher für Kinder und Ihre Bücher für Erwachsene?

Sie gehören zusammen und ich trenne dies auch nicht. Wenn ich für Kinder schreibe, dann sind es oft Themen, die mich ohnehin literarisch beschäftigen. Nach dem Roman »Eine Frau« habe ich zum Beispiel das Kinderbuch »Oma« geschrieben, weil ich mit der Geschichte der Katharina noch nicht fertig war. Also habe ich sie fortgesetzt. »Jakob hinter der blauen Tür« und »Das Windrad«, in dem ein autistischer Junge, Pokko, eine große Rolle spielt, hängen in gewisser Hinsicht zusammen. Denn mich beschäftigte das autistische Verhalten von Pokko einfach weiter und ich fragte mich, wie das bei einem Kind aussieht, das sich in eine Art Scheinautismus flüchtet. Bei »Krücke« setzt sich vieles fort, was in »Zwettl« und in der »Nachgetragenen Lieb«e erzählt wird, ganz autobiographisch. Und mein jüngstes Kinderbuch »Tante Tilli macht Theater« ist ein wichtiges Randgeräusch für ein Buch, das ich gerade geschrieben habe, einen Roman, der in diesem Herbst erscheint: »Große, kleine Schwester«. So gibt es immer wieder thematische Durchdringungen und Wandermotive. Und das brauche ich auch.

Worin liegt für Sie der Unterschied zwischen dem Schreiben für Kinder und dem Schreiben für Erwachsene?

Die sprachliche Fassung für Kinder ist für mich noch immer die kammermusikalische, die hoch empfindliche – im Gegensatz zur sprachlichen Fassung für Erwachsene, bei der ich sozusagen ein ganzes Symphonieorchester aufspielen lassen kann. Das heißt, wenn ich für Kinder schreibe, kann ich testen, wie weit ich im Zurücknehmen des Instrumentariums gehen kann, wie weit ich also einfach werden kann, ohne dass ich meine Poetik verrate. Denn ich darf eines beim Schreiben für Kinder nicht tun: Ich darf nie abstrakt oder theoretisch sein, ich darf nie essayistisch werden im Erzählen. Sondern ich muss selbst das abstrakteste Problem erzählen, anschaulich machen. Das ist, finde ich, eine hohe Schule. Zugleich ist es für mich einfach eine Nachprüfung des schriftstellerischen Handwerks, die ich brauche. So wie ein Messer richtig geschliffen werden muss, so schleife ich die Möglichkeiten des Erzählens, wenn ich für Kinder schreibe.

Gibt es dabei auch eine Rückwirkung von der Einfachheit des Schreibens auf die Literatur, die Sie für Erwachsene schreiben?

Es gibt ohne Zweifel in der Reihe meiner Romane einen Stimmwechsel. Das ist der Sprung zwischen »Zwettl« und »Eine Frau«. Als 1974 »Eine Frau« erschien – da hatte ich schon das Kinderbuch »Das war der Hirbel« veröffentlicht – wurde in der Kritik mehrfach gesagt: Hier reduziert er, weil er für Kinder schreibt, und wird einfacher. Ich habe mich damals widersetzt und ich tue es heute noch entschiedener. Dies war keine Vereinfachung des Erzählens, keine Reduktion des Handwerks, sondern es war – vielleicht durch die Arbeit am »Hirbel« – eine Einsicht, von der ich nie mehr abgelassen habe: Wenn ich erzähle, wie schwierig auch die Zusammenhänge sind, die ich zu erzählen habe, dann schreibe ich gewissermaßen einen Brief, einen Endlosbrief, der noch immer nicht zu Ende ist. Und in diesem Endlosbrief ist unendlich vieles an Privatem und Nicht-Privatem, an Wirklichkeit und scheinbarer Wahrheit verwickelt. Deshalb muss ich eines tun: Ich muss den Brief so schreiben, dass er die Adressaten erreicht. Natürlich kann ich ohne weiteres und tue es auch immer wieder, allerdings in Aufsätzen, mich über die Position des Erzählers 1998 auslassen, ich weiß auch, welche Verluste wir erlitten, welche Gewinne wir haben. Ich habe allerdings nie die Zweifel am Erzählen oder an der Literatur gehabt wie manche Weggefährten der letzten zwanzig Jahre, die immer geklagt haben über den Niedergang des Erzählens. Was uns alle, die wir erzählen, beschäftigt und zu schaffen macht, ist die manchmal erstickende Zunahme an Kenntnissen und Wissen. Und davon muss man halt manchmal absehen und einfach anfangen zu erzählen.

Sie haben in Ihrem Kinderroman »Krücke« die Botschaft formuliert, dass der Mensch des Menschen Freund ist – eine Botschaft, die, abgesehen vom »Hirbel«, in allen Ihren Kinderbüchern steckt. Können Sie eine ähnliche Botschaft für Ihre Bücher für Erwachsene formulieren und wie würde diese Botschaft heißen?

Das ist eine listige Frage … Ich wünschte mir, dass ich dieses Motto im Grunde jedem Buch voranstellen könnte. Aber mit der Direktheit und Sicherheit, mit der ich das in »Krücke« getan habe, kann ich es nicht tun. Natürlich wünsche ich mir, dass der Mensch des Menschen Freund sei, das wird ja auch in »Krücke« belegt und zugleich widerlegt, und dabei bleibe ich auch. Der Mensch ist auch des Menschen Wolf! Dass es darüber hinaus immer wieder Menschen gibt, die schlicht und einfach mit ihresgleichen so umgehen, dass man sie als Menschen erkennt, das hoffe ich schon.

Warum schreiben Sie Kinderbücher, was treibt Sie dazu an?

Das ist eigentlich die Einsicht in die Anfänge, und diese Einsicht hat zugenommen, je häufiger ich für Kinder schrieb und je mehr ich vorlesend, diskutierend und erzählend mit Kindern umging. Kinder sind für mich Anfänger und Verheißungen und dadurch unvergleichliche Prüfungen für unsere Existenz. Denn Kinder enthalten zu Beginn – in einer ganz reinen Form – alles, was später verschüttet wird oder verloren geht oder verstärkt wird: die Fähigkeit zur Freundschaft, die Fähigkeit zur Liebe, die Fähigkeit zum Hass, die Fähigkeit wütend zu sein, die Fähigkeit zärtlich zu sein, die Fähigkeit einsam zu sein, die Fähigkeit zur Gemeinsamkeit. Und wenn man da hinein schreibt und sich dessen bewusst ist, dann versucht man sozusagen, dem jungen Keim durch Bilder, durch Ge-

Götz Behrendt (als Tom) und Heinz Hoenig (als Krücke) in dem Film »Krücke« von Jörg Grünler

schichten, durch Menschengeschichten einen Humus zu geben. Das ist mein Antrieb, Kinderbücher zu schreiben.

Und was ist Ihr Anliegen beim Schreiben für Kinder?

Ich will exemplarische Fälle erzählen. Das ist eine Grundhaltung des Erzählens. Ob mir das immer gelingt, ist eine andere Sache, aber im Ansatz ist es das.

Was möchten Sie Kindern, die Ihre Bücher lesen, mitgeben auf ihren Weg?

Die Fähigkeit, mit Phantasie umzugehen, vielleicht die Fähigkeit, auf den anderen zu achten und auf den anderen neugierig zu sein, die Fähigkeit, vom Vorurteil zum Urteil zu kommen (was ich für ganz wichtig halte), und die Fähigkeit, auch schwer zu ertragende Gemeinsamkeiten wenigstens zu probieren.

Wie meinen Sie das?

Ich glaube, in jeder Kindheit heute erfahren Kinder, dass Erwachsene, vor allem Mütter und

Väter, oft so sehr in sich selber verstrickt sind, dass sie nur sehr, sehr wenig weitergeben können. Und wenn sie etwas weitergeben, sind es die Lasten, an denen sie tragen müssen – die überlassen sie dann den schmalen Kinderschultern. Manche Kinder versagen da extrem, das führt sehr häufig auch in die Psychiatrie oder wenigstens zum Therapeuten. Andere Kinder büchsen da vollständig aus. Und dann wiederum gibt es Kinder, die sich dem stellen.

Das sind Ihre Kinderfiguren?

Ja, das sind meine Kinderfiguren. Natürlich mit Macken, natürlich mit Ausflüchten und Einbrüchen, aber sie halten es aus! Das finde ich ganz wichtig.

Und das ist ja auch ein Kern Ihres kinderliterarischen Schreibens, nämlich der Dialog zwischen den Generationen, das Zusammenleben.

Ja.

Nun stellen Sie ja in fast allen Ihren Kinderbüchern – mal stärker, mal schwächer – den Kindern Erwachsene an die Seite, an denen sich die Kinder orientieren können und die ihnen auch helfen, ihren eigenen Weg zu finden. Vier dieser Erwachsenen tauchen sogar in den Buchtiteln auf, das sind die »Oma«, der Alte John, Krücke und zuletzt jetzt »Tante Tilli«. Aber auch in Ihren anderen Kinderbüchern tauchen solche Erwachsenen als Schlüsselfiguren auf …

Bei »Theo haut« ab ist es der Papa Schnuff, ja … es gibt diese Figuren. Das hat ganz stark mit meiner Kindheit und Jugend zu tun. Ich habe zwischen 1944 und 1946 im Grunde vieles von dem erlebt, was Kinder heute in Afrika, in Bosnien oder sonst wo erfahren: Verlust der Eltern, Krieg in der abscheulichsten Form; ich hab als Kind Tote gesehen in ganz verschiedener Weise. Und in dieser von Menschen verwüsteten Zeit gab es immer wieder Personen, die wie kleine Öfen waren, die Wärme ausstrahlten, aber auch eine große Erfahrung, vor allem eine große Sicherheit und Ruhe, und die einen in den Arm nehmen konnten. Das waren Erwachsene. Manchmal waren es auch Typen, die lange brauchten, bis sie sich öffneten. Aber Krücke hat's gegeben, er ist keine Erfindung. Die Bronka (aus »Krücke«) hat's gegeben,

Ein Versuch, mit meinem Sohn zu reden

Ich wollte dir erzählen,
mein Sohn,
im Zorn
über deine scheinbare
Gleichgültigkeit,
über die eingeredete
Fremde
zwischen uns
wollte ich dir erzählen,
zum Beispiel,
von meinem Krieg,
von meinem Hunger,
von meiner Armut,
wie ich geschunden wurde,
wie ich nicht weiterwusste,
wollte dir
deine Unkenntnis
vorwerfen,
deinen Frieden,
deine Sattheit,
deinen Wohlstand,
die auch
die meinen sind,
und während ich schon
redete,
dich mit Erinnerungen
prügelte,
begriff ich, dass
ich dir nichts beibrächte

sie ist keine Erfindung. Die Oma hat's gegeben, Tante Tilli hat's gegeben ... Es sind all dies Menschen, die mir über den Weg liefen. Wenn ich heute an Kinder denke, die auf ganz andere Weise oft alleine sind und Verlust erleiden, dann wünsche ich ihnen immer wieder solche Wärmepole, solche Kraftspender, sei es nur für zwei, drei Wochen, das kann manchmal schon reichen.

Diese erwachsenen Freunde in Ihren Kinderbüchern sind aber nie die Eltern. Die Eltern sind häufig, wie Sie es vorhin schon sagten, in ihre eigenen Probleme verstrickt, die Väter sind oft abwesend, ganz extrem ist das in »Tante Tilli macht Theater«, wo der Vater ständig im Ausland arbeitet. Sind diese Figuren wie Krücke, Oma, Alter John, Tante Tilli, Papa Schnuff – Sie sagen, dahinter stecken reale Personen –, sind sie aber nicht auch Wunschbilder und Gegenentwürfe?

Aber ganz gewiss! Es gibt im Moment einen philosophisch fundierten Widerwillen gegen das Utopische. Eine ganze Generation kann da nur in Hohngelächter ausbrechen, wenn man über Utopien und Entwürfe spricht. In der Literatur ist das etwas anderes. In der Literatur gibt es den personalen Entwurf, die personifizierte Utopie immer, immer wieder. Für mich ist das nicht nur eine benannte Person, sondern mir geht es dabei auch um den Entwurf einer menschlichen Möglichkeit. Und so schreib ich's denn auch.

Die Freundschaften zwischen Kindern und Erwachsenen, die im Übrigen auch in einigen Ihrer Bücher für Erwachsene auftauchen, sind dabei nie einseitig, sondern immer wechselseitig: Das Kind braucht den Erwachsenen, wie auch der Erwachsene das Kind braucht. Ich würde sogar so weit gehen zu sagen, dass einige dieser Erwachsenen ohne die Freundschaft zu den Kindern auf der Strecke bleiben würden.

Ja, wahrscheinlich fast alle. Alter John ganz gewiss, die Oma ist gar nicht denkbar ohne Kalle und die Tante Tilli auch nicht ohne David. Es sind am Anfang sehr häufig Zweckbündnisse. Der Kalle beispielsweise kommt zur Oma, weil seine Eltern bei einem Autounfall ums Leben gekommen sind. Aber aus diesen

als Hass und Angst,
Neid und Enge,
Feigheit und Mord.
Meine Erinnerung ist
nicht die deine.
Wie soll ich
dir das Unverständliche
erklären?
So reden wir
über Dinge,
die wir kennen.

Nur wünsche ich
insgeheim,
Sohn, dass du, Sohn,
deinem Sohn
deine Erinnerung
nicht verschweigen musst,
dass du
einfach sagen kannst:
Mach es so
wie ich,
versuche
zu kämpfen,
zu leben,
zu lieben
wie ich,
Sohn.

»Zwei Versuche mit meinen Kindern zu reden« aus »Anreden«, 1977. (Für diesen Abdruck wurde nur der erste Teil des Textes übernommen; deshalb ist hier der Titel – mit Erlaubnis des Autors – anderslautend.) © Kiepenheuer & Witsch, Köln

Zweckbündnissen werden Amalgame, Verbindungen, die gewissermaßen porendurchdringend sind. Ganz wichtig ist für mich dabei die Beschreibung von Ebenbürtigkeit, dieses Einander-Geltenlassen in den Schwächen und in den Stärken, in der Erfahrungslosigkeit und in der Erfahrung, in der Neuigkeit von Empfindungen und in der Verschlissenheit von Empfindungen, das finde ich notwendig im gegenseitigen Umgang.

Welche Rolle spielen oder haben Ihre eigenen Kinder in Ihrem Leben gespielt? Und welche Rolle spielen Ihre Enkelkinder?

Meine eigenen Kinder spielen noch immer eine kräftige Rolle in meinem Leben und im Leben meiner Frau! Und sie haben in ihrer Kindheit, also als Kinder, eine extrem intensive Rolle gespielt. Das hat auch mit meiner Frau und mit mir zu tun. Wir haben – manchmal nicht zum Vergnügen unserer Kinder – uns immer einbezogen gefühlt oder haben uns einfach einbezogen. Es gab natürlich gelegentlich auch Auseinandersetzungen, vor allem als sie pubertierten und sich zu lösen begannen. Aber diese Auseinandersetzungen haben uns allen keine Wunden gehauen, sondern sie haben uns auf die Dauer eher mehr verbunden, so dass es jetzt ein sehr nahes Verhältnis ist. Ich würde sogar sagen, dass beispielsweise mein Ältester nicht nur mein ältester Sohn ist, sondern zugleich auch einer meiner nächsten Freunde. Das würde ich von den anderen auch sagen. Sie sind meine Kinder, aber in vieler Hinsicht sind sie meine Freunde geworden. Bei den Enkeln – wir haben zwei Mädchen, die Marie ist sechs und kommt jetzt zur Schule und die kleine Hannah ist sechs Tage alt – ist es ein ganz anderes Verhältnis. Es ist eigentümlicherweise auch eines, das mich noch nicht reizt, es in meine Arbeit aufzunehmen. Bei meinen Kindern war es so, dass schon die Vier-, Fünf-, Sechsjährigen mich nicht zuletzt mit ihrer Sprache und mit ihrem Sprechenlernen ganz stark beeinflusst haben. Ich habe in dieser Zeit ja auch damit angefangen, für Kinder zu schreiben, mit diesen Kinderprotokollen »Und das ist die ganze Familie«. Das könnte ich heute nicht mehr!

Foto: Karsten Martensen

Und das ist (fast) die ganze Familie heute (v.l.n.r.): Mechthild Härtling, Fabian, Marie, Clemens, Sophie (unten), Friederike mit Hannah und Peter Härtling.

Sie schreiben nicht nur Kindern, sondern auch der Kindheit eine wichtige Rolle zu – was klar ist in den Kinderbüchern, da erzählen Sie ja Kindheiten. Aber auch in Ihren Büchern für Erwachsene entwickeln Sie Ihre Protagonisten meistens aus der Kindheit heraus. Was bedeutet Kindheit für Sie persönlich?

Die des Ursprungs, nicht der Herkunft. Was wir als Kind mitkriegen, wie wir als Kind mit Menschen leben, ist absolut entscheidend für unser ganzes Leben. Sie werden als Fünfjähriger zum Mörder gemacht oder zum phantasievollen Freund. Dafür und dagegen können Sie nichts tun, dafür sind andere verantwortlich, die Eltern, der Umkreis der Eltern und so weiter. Deshalb finde ich es überlebensnotwendig, dass Kinder sich früh spüren lernen. Das heißt auch: selbstbewusst werden, nicht unbedingt nachgeben, und wenn, dann nachgeben aus Herzlichkeit, aus Offenheit, aus Zuneigung.

Peter Härtling (re.) mit seinen Eltern und seiner Schwester Lore an seinem 5. Geburtstag, am 13.11.1938

Dieses Selbstbewusstsein hat in bemerkenswerter Weise auch David aus Ihrem jüngsten Kinderbuch »Tante Tilli macht Theater«. Denn am Ende des Buches entscheidet sich der Junge ja ganz selbstbewusst für Tante Tilli und gegen den Vater.

Das ist in meiner Vorstellungswelt keine abwegige oder überraschende Entscheidung. Es geht ja nicht um Rollen – der Vater, die Mutter, der Großvater, die Großmutter, der Onkel und so weiter. Es geht um die Nähe von Menschen und um eine ausgelebte Nähe, die dem Kind nicht nur Schutz gewährt (das sowieso), sondern die es auch wachsen und gedeihen lässt. In diesem Fall ist es so, dass der Vater – was so selten nicht ist – sich gar nicht um den Jungen kümmern kann und sich vielleicht auch nicht kümmern will. Denn in diesem Mann steckt eine abenteuerliche Natur, er will gar nicht zu Hause rumsitzen und in irgendeinem Büro verkommen, sondern er geht raus, er geht ins Ausland. Das heißt, er vergisst mehr oder weniger die Rolle, die er auch haben könnte. Und diese Rolle wird nun – leicht irritierend, recht verrückt – übernommen von Tante Tilli. Das begreift der Junge, das muss er auch begreifen. Und deshalb liegt diese Entscheidung nicht nur auf der Hand, sondern auch im Herzen; sie ist selbstverständlich.

Es gibt ein Kinderbuch – es ist das einzige von Ihren mittlerweile 14 Kinderbüchern –, das in der Zeit Ihrer eigenen Kind-

heit spielt und das dadurch auch die deutlichsten autobiographischen Züge trägt. Alle anderen Kinderbücher spielen in der Gegenwart. Warum?

Die meisten meiner Kinderbücher sind auch im Präsens erzählt (mit kleinen Einbrüchen des Perfekts). Denn die kindliche Identifikation mit Personen, aber auch mit Zuständen, ist eine der konstanten Gegenwart. Kinder kennen noch keine Vergangenheit, sie leben in einem beinahe königlichen Präsens. Sie sind da

Peter Härtling an seinem ersten Schultag, 1940

und sie sind mit allem da. Also ist auch das, was ich erzähle, für sie da. Und das ist das Präsens, die Gegenwart.

Gleichzeitig gibt es aber doch Vergangenheit in Ihren Kinderbüchern, nämlich zum Beispiel wenn die Oma von früher erzählt oder wenn der Alte John von früher erzählt …

Das sind wiederum Beispielgeschichten, die mir wichtig sind, die mir auch in der Literatur überhaupt wichtig sind. Denn eines akzeptiere ich nie: Dass wir uns das nehmen lassen, was Geschichte uns beibringen könnte, und dass wir so erinnerungslos sind wie Lurche und Molche und erst durch Katastrophen für kurze Zeit etwas lernen und dann eben wieder erinnerungslos, geschichtslos weiterwurschteln. Wir brauchen Geschichte, wir leben von unseren Geschichten und aus unserer Geschichte. Und dies den Kindern gelegentlich klarzumachen, so witzig und so direkt und so anschaulich wie möglich, das versuche ich schon. Und wenn der Alte John gerade zu Weihnachten erzählt, dass er im Gefängnis gewesen war, und damit auch sehr selbstironisch umgeht, aber andererseits für die beiden Kinder dadurch auch etwas an Kraft und Würde gewinnt, das finde ich schon gut. Das ist auch Geschichte.

Und das ist dann Ihre List, die Sie anwenden, um Geschichte in die Gegenwart hereinzuholen?

Ja!

Sie schreiben seit fast dreißig Jahren Bücher für Kinder. Was hat sich denn für Sie beim Schreiben für Kinder verändert? Welche Sichtweisen und Ansprüche haben sich verändert?

Ich habe mich verändert, nicht die Sichtweisen und die Ansprüche, die ich grundsätzlich habe. Geändert hat sich auch das Bewusstsein, dass die Kinder, die heute aufwachsen, die Kinder der Generation meiner Kinder sind. Und das rückt mich gewissermaßen wie von selbst, ohne dass ich mich dagegen wehren kann, etwas fort von dem Präsens, der die Kinder und mich eigentlich verbindet. Die Entfernung zu den Kindern ist also vielleicht etwas größer geworden.

Welches Kind ist Ihnen denn am nächsten?

Das Kind in mir selbst, das wird immer lebendiger. Das ist ja auch eine Erfahrung, die man erst weitergeben kann, wenn sie einen wirklich im Fleische bewegt. Je älter Sie werden, umso deutlicher auch das Bewusstsein des Kindes, das Sie gewesen sind. Das ist aber nicht unbedingt eine Hilfe, Kinderbücher zu schreiben, viel eher eine Hilfe, Kindheiten zu beschreiben und zu erzählen. Das ist ein Unterschied. Sicher habe ich damals, nachdem ich »Krücke« geschrieben hatte, ernsthaft angenommen, ich würde kein Buch für Kinder mehr schreiben. Doch damals war der Reiz noch immer zu groß. Der ist noch immer groß, nur könnte ich mir vorstellen, dass ich die Bücher für Kinder, die ich noch schreiben werde, nicht mehr im Präsens schreibe, sondern dass ich dorthin zurückkehren werde, wo ich selbst als Kind war, wo ich selbst als Kind versucht habe durchzukommen und leben zu lernen. Das ist jetzt, glaube ich, nahe liegend.

Aber steckt nicht auch in den Kinderbüchern, die in der Gegenwart spielen, das Kind Peter Härtling drin?

Ja sicher, das steckt immer auch

drin mit seinen Aversionen, Phobien, mit seinen Erinnerungen an Nähen, an Entfernungen, an Schläge und so weiter. Das kriege ich ja nicht los. Warum auch? Und das wird auch immer drinstecken. Nur komme ich ihm jetzt wieder näher, das ist alles.

Wenn Sie Ihre 14 Kinderbücher an sich vorüberziehen lassen, welches ist Ihnen persönlich das wichtigste?

Der »Hirbel«, noch immer! Warum? Schlicht und einfach, weil's für mich der Beginn war, weil ich nie mehr – arglos, wie ich damals gewesen bin als Erzähler für Kinder –, nie mehr so kühn gewesen bin im Ansatz. Ein sprachloses, geplagtes, unverstandenes Wesen so zu schildern, dass es auf wenigen Seiten für mich auch noch heute beinahe brüderlich lebendig ist, das ist ein Anfang gewesen, auf den ich eigentlich stolz bin. Deswegen! Und ich habe mir damals etwas zugetraut, was man sich eigentlich nach einigen Stufen erst zutrauen sollte: Ohne groß auf die Umgebung zu gucken und mit nur ganz wenigen Sätzen die anderen Personen beschreibend eine Person, die, wie Kinder das oft in aller Gemeinheit sagen, »abartig« ist, so aufzunehmen, dass sie sichtbar wird in ihrer ganzen Fülle und ihrer ganzen Armut und nicht mehr abartig ist. Das habe ich so nie mehr gemacht, das geht auch nur einmal!

Aber sind nicht alle Ihre Kinderfiguren, wenn auch nicht in dieser Drastik, Geschundene?

Ja. Aber dem Hirbel wird nicht geholfen und kann auch nicht richtig geholfen werden. Dieses Kind ist in gewisser Hinsicht verloren. In all den anderen Kinderbüchern haben die Kinder dagegen Möglichkeiten. Dass sie oft Außenseiter sind, an den Rand Gedrängte, auch Verlassene, sehr einsame Kinder, wie der Jakob, das ist klar. Da kann ich meine eigene Kindheit gar nicht verleugnen. Ich glaube auch, dass in jedem Werk eines jeden Menschen, der schreibt, wenn es ihn wirklich drängt zu schreiben, sozusagen die traumatischen Felder immer sichtbar werden, mal stärker, mal weniger stark.

Aber so perspektivlos wie den »Hirbel« lassen Sie Ihre nachfolgenden Kinderbücher nicht mehr enden. Ist das eine bewusste Entscheidung?

Das ist nicht bewusst. Beim »Hirbel« ging es nun mal nicht anders. Aber meistens geht es doch! Dass die Schlüsse nicht mehr so offen sind wie beim »Hirbel«, sondern immerhin Möglichkeiten da sind, das sehen die Kinder, die meine Bücher lesen, allerdings keineswegs so. »Ben liebt Anna« etwa hat für sie einen grässlichen Schluss. Die meisten Kinder wünschen sich doch ein richtiges Happy End. Da bin ich allerdings störrisch, da setze ich immer Stolpersteine an den Schluss. So einfach geht's nicht! Das müssen die Kinder auch einsehen, dass jemand, der ihnen Möglichkeiten erzählt und bietet, immer auch den Zweifel mitliefert! Das ist ja eine Aufgabe, die die Literatur überhaupt hat: Zweifel setzen und durch diesen Zweifel die Leser zum Weiterdenken anstoßen. Davon bleiben Kinder, nimmt die Literatur sie ernst, nicht verschont.

Was ist für Sie das Schönste beim Schreiben für Kinder und was ist das Schwierigste?

Das Schönste und Belebendste ist das Erfinden von Figuren, auch von Kinderfiguren. Das Schwierigste ist das Finden des Tons, der die Musik macht. Jedes meiner Kinderbücher hat einen ganz bestimmten Tonfall, und der ist durchgehalten. Manchmal schinde ich mich wochenlang mit Anfängen, um mich einzupegeln auf diesen Tonfall, manchmal gelingt mir's gleich. Bei »Fränze« brauchte ich lange, um den bohrenden Ernst dieses Mädchens, das ich erzählend sehr mochte, durchzuhalten. »Ben liebt Anna« fing ich dagegen ganz leicht und ohne Mühe und auch ohne wiederholte erste Kapitel an. Das war einfach so da!

Sie gehören zu den wenigen Kinderbuchautoren, die sich konsequent an ein Lesealter wenden, nämlich an die 9–11-jährigen. Sie schreiben nicht für Leseanfänger und Sie schreiben nicht speziell für Jugendliche. Warum?

Es gibt ein Buch für Leseanfänger – »Sofie macht Geschichten« –, und das ist ein Auftragswerk. Das zweite Buch, das über die Altersgruppe der 9–11-Jährigen hinausgeht, ist »Krücke«. »Krücke« ist über die Köpfe der 11-jährigen hinaus geschrieben. Alle anderen sind in der Tat für die 9–11-Jährigen gemeint, und

Foto: Isolde Ohlbaum

das ist programmatisch. Da bringen Sie mich auf einen meiner »Dollpunkte«, und das ist meine Abneigung gegen das so genannte Jugendbuch. Es ist sehr gefährlich, was ich behaupte, aber ich bestehe dennoch darauf. Ich halte es für unsinnig, bewusst eine Literatur für die 15–18-Jährigen zu schreiben. Diese Literatur gibt es sowieso – in der »großen« Literatur. Ob ich nun Salinger lese oder Heinrich Böll, eine Geschichte von Alfred Andersch oder ein Buch heute von einem jungen Autor, das ist egal. Das Schreckliche an Jugendliteratur ist ja, dass sich die Autoren dann häufig so genannten jugendspezifischen Themen widmen. Es gibt Ausnahmen, glänzende Ausnahmen, das muss ich dazu sagen. Zum Beispiel die Leonie Ossowski mit ihren Büchern, oder mitunter (wenn sie über das Kinderalter hinausschreibt) Christine Nöstlinger und ganz besonders die historische Literatur von Klaus Kordon. Ich wünschte mir, dass seine großen

Berlinromane vor allem auch von Erwachsenen gelesen werden. Allerdings wird Klaus Kordon sofort in ein Fach verfrachtet, das Kinder- und Jugendliteratur heißt, und damit ist er für die Literatur für Erwachsene verloren. Mir behagt das nicht. Es gibt eine Kinderliteratur, die kann nicht die Vielstimmigkeit der Literatur für Erwachsene enthalten, auch die formale Vielfalt nicht, aber sie kann Literatur sein. Die gibt's! Und sonst gibt's die Literatur!

Welches Kind, welchen Leser haben Sie im Kopf, wenn Sie schreiben?

Dieser Leser oder diese Leserin ist so einfach gar nicht zu portraitieren. Im Grunde könnte ich das am genauesten tun, wenn ich Sie jetzt hier hinausführe auf den Flur, da liegt ein Berg mit Kinderbriefen aus dem letzten halben Jahr. Das Bild des kindlichen Lesers wechselt in meinem Kopf, das ist nicht eindeutig. Es gibt mitunter Momente, in denen urplötzlich ein ganz klares Bild in mir auftaucht. Zum Beispiel, wenn ein 11-jähriges Mädchen auf »Ben liebt Anna« reagiert – nicht nur mit den üblichen Fragen, warum ich das Buch geschrieben habe und so weiter, sondern wenn das Mädchen anfängt von sich zu erzählen. Bei »Ben liebt Anna« hat es ja beinahe einen historischen Einschnitt gegeben. Als das Buch 1979 erschien, gab es so gut wie keine Aussiedlerkinder. Jetzt gibt es ganz viele Annas, auch türkische Annas, auch griechische Annas. Und diese Annas treten plötzlich nach vorn und sprechen von sich selbst. Das ist der Augenblick, wo ich meinen Adressaten erkenne und kenne.

Wie wichtig ist für Sie die ganz persönliche Auseinandersetzung mit Ihren kindlichen Lesern?

Sie ist eigentlich ein Bestandteil meiner Arbeit. Allerdings nimmt diese Auseinandersetzung inzwischen Formen an, die mir zusetzen. Ich bekomme täglich bis zu zwölf Briefe, darunter ganze Klassensätze. Diese Briefe alle auch zu lesen und sich dazu Gedanken zu machen und gelegentlich dann noch solche brieflichen Begegnungen zu erleben, die einen wirklich attackieren und berühren, das nimmt sehr viel Zeit in Anspruch. Inzwischen hilft mir meine Frau dabei. Sie beantwortet die Briefe mit den Standardfragen, während ich die Briefe beantworte, die darüber hinausgehen, in denen sich die Kinder selber erklären. Und manchmal sind diese Briefe ein großes Glück, manchmal aber auch ein großer Schrecken. Denn es gibt Briefe, in denen die Kinder über ihre tägliche Existenz berichten, über ihr Zuhause oder Nicht-Zuhause, da bleibt Ihnen manchmal die Spucke weg …

Gibt es ein Buch oder ein Thema, das Sie im Kopf haben und von dem Sie sagen: Egal wie viele Bücher ich noch schreiben werde, dieses eine Buch will ich auf jeden Fall noch für Kinder schreiben, aber noch ist die Zeit dafür nicht reif?

Es gibt einen Traum, den ich habe, aber ich weiß nicht, ob ich ihn je verwirklichen werde. Dieser Traum ist unglaublich schwer zu realisieren, wenn man nicht albern werden will. Ich würde gerne die ersten acht oder zehn Jahre Goethes, also seine Kindheit, für Kinder erzählen. Er war ein so unkindliches Kind und genau das reizt mich und möchte ich auch klarmachen. Dazu bedarf es großer Arbeit, da der Hintergrund, der zu erzählen wäre, zwar von der Goetheforschung längst erhellt und ausgeleuchtet ist, aber nicht so, wie ich es will. Vielleicht wenn ich mal Lust habe und mich sonst nichts anderes plagt, tu ich's … ●

Titelvignette von Sophie Brandes zu »Krücke«

Peter-Härtling-Preis für Kinderliteratur

Peter Härtling, »den Freund und Verlagsautor anlässlich seines 50. Geburtstages durch einen Literaturpreis zu ehren, der seinen Namen trägt, war und ist die Absicht des Verlages«. Das ist nun fünfzehn Jahre her. Der Namensgeber dieses Kinderliteraturpreises wird bald 65, seither wurde der Preis – alle zwei Jahre – insgesamt sieben Mal verliehen. Ausgezeichnet wurde jedes Mal ein hervorragendes Prosa-Manuskript, das sich erzählend, poetisch, der Wirklichkeit entsprechend an Kinder von 10-14 Jahren (seit 1996 auch an Jugendliche) wendet. Zu der Jury des Peter-Härtling-Preises (der im Jahre 1992 von der Stadt Weinheim übernommen wurde) gehören: Peter Härtling, Prof. Susanne Krüger (Fachhochschule für Bibliothekswesen), Heike Mundzeck (Journalistin, Filmautorin), Käthe Plöger (Buchhändlerin), Dietmar Pfennigschmidt (Bibliotheksleiter Stadt Weinheim), Hans-Joachim Gelberg (Lektor).

Bisherige Preisträgerinnen und Preisträger:

(1984) Karin Gündisch, Geschichten über Astrid

(1986) Cordula Tollmien, La gatta heißt Katze sowie Reinhold Ziegler, Groß am Himmel

(1988) Margaret Klare, Heute nacht ist viel passiert

(1990) Reinhard Burger, Der Wind und die Sterne

(1992) Josef Holub, Der rote Nepomuk

(1994) Ingrid Möller, Ein Schmetterling aus Surinam

(1996) Nina Petrick, Die Regentrinkerin

Kindertagesläufe

Von Peter Härtling

Illustration von Peter Knorr

Die Mama hat ein Baby im Bauch

(Alle drei Kinder reden)

Clemens:	Warum sind Kinder im Bauch? Ich bin nie im Bauch gewesen.
Friederike:	Aber die Mama hat einen dicken Bauch und da soll eins drin sein.
Fabian:	Das ist auch drin. Der Clemens ist blöd. Er war auch drin. Ich auch.
Friederike:	Ich auch!

Fabian: Die ganz kleinen Kinder sind im Bauch, damit ihnen nichts passiert. Mamas Bauch passt auf das Baby auf. Wenn das Baby Luft holen kann, muss es aus dem Bauch raus. Dann geht der Bauch auf und der Doktor holt es raus.
Die Mama sagt, manchmal geht es auch ohne Doktor.

Clemens: Aber stopf mal so ein großes Baby in den Bauch rein.

Fabian: Wenn ein Baby in den Bauch reinkommt, das macht der Papa, dann kann man es gar nicht sehen.

Friederike: Ein Baby sieht man immer.

Clemens: Es schreit auch.

Friederike: Aber nicht im Bauch.

Fabian: Aber im Bauch kann es strampeln. Die Mama hat gesagt, es lutscht sogar schon im Bauch. Am Finger. Mama, lass mal fühlen. Es strampelt wirklich. Fühl mal, Clemens.

Clemens: Das rumst. Hat es auch schon ein Gesicht? Und Augen? Und eine Nase?

Friederike: Aber es hat doch ein Gesicht, wenn es lutschen kann.

Clemens: Warum sieht man das Gesicht dann nicht? Kann ich mal reingucken?

Fabian: Das muss drin bleiben, bis es leberig ist.

Friederike: Was ist leberig?

Fabian: Bis es alles von allein machen kann.

Friederike: Aber es wird doch von der Mama gewickelt. Und aus der Brust kommt Milch raus.

Clemens: Wo kommt Milch raus?

Friederike: Aus der Brust, du Blödian.

Clemens: Bei mir?

Friederike: Aus der Mama ihrer Brust. Und aus meiner auch mal.

Clemens: Mach mal für die Dorette Milch.

Fabian: Puppen brauchen keine Milch. Der Clemens versteht das überhaupt nicht richtig. Das Baby kommt nach einer Frist. Es wächst im Bauch. Es kriegt alles von der

	Mama. Wenn es draußen ist, muss man vorsichtig mit ihm sein.
Friederike:	Ich helf dann der Mama.
Clemens:	Ich auch.
Friederike:	Das kannst du nicht, du bist zu grob.
Clemens:	Du auch.
Fabian:	Die Mama wird aufpassen. Ihr könnt das beide nicht richtig. Die Mama hat das gelernt. Mit uns.
Friederike:	Die Mama ist jetzt dicker als andere Frauen. Weil andere Frauen jetzt kein Baby kriegen. Wenn das Baby raus ist, wird die Mama dünn sein.
Clemens:	Die Mama ist nie dünn.
Fabian:	Das Baby ist am Anfang winzig klein. Aber es hat schon Arme und Beine, mit denen es strampelt, hat die Mama gesagt.
Friederike:	Wer sieht das?
Fabian:	Das sieht der Doktor.
Clemens:	Der guckt in den Mund rein.
Fabian:	Nein, der guckt in den Bauch rein.
Friederike:	Wann kommt das Baby jetzt?
Fabian:	Die Mama sagt, im Mai. Das ist übermorgen. Im Mai krieg ich Ferien, weil das Baby kommt.
Friederike:	Ich hab immer Ferien. Dann geh ich auch nicht in den Kindergarten.
Clemens:	Ich seh das Baby schon.
Friederike:	Du bist blöd.
Clemens:	Babys schreien immer. Dann muss man ihnen den Mund zuhalten.
Friederike:	Der Clemens ist wirklich bös.
Fabian:	Der weiß das noch nicht richtig.
Friederike:	Was macht der Papa mit dem Baby?
Clemens:	Dem kommt Milch raus.
Friederike:	Der Papa hat aber keinen Busen.
Clemens:	Der kriegt noch einen.

Fabian: Männer kriegen keinen Busen. Die brauchen keinen. Dazu sind die Mamas da. Papas passen nur auf.

Friederike: Dann muss der Papa einkaufen gehen, weil die Mama mit dem Baby im Bett liegt.

Clemens: Bin ich mal ein Baby gewest?

Friederike: Ja.

Clemens: In dem Bauch war's scheußlich.

Friederike: Der Clemens weiß, wie's in dem Bauch war.

Fabian: Die Mama sagt, man kann gar nicht wissen, wie es im Bauch war.

Clemens: Ich weiß es aber. Wie in meinem Zimmer. Ich hab auch gerumst. Milch trink ich nicht gern. Wie hat die Mama die Milch gemacht?

Fabian: Jetzt hör aber auf.

Friederike: Morgen kommt das Baby.

Fabian: Überübermorgen.

Clemens: Ich setz es dann in meine Lokomotive, wie die Dorette.

Fabian: Das kann man mit dem Baby alles nicht tun.

Clemens: Ich schon.

Aus: »Und das ist die ganze Familie. Tagesläufe mit Kindern.«, Weinheim 1984

Titelbilder von R.S. Berner

Über die Schwierigkeiten und das Vergnügen beim Schreiben für Kinder

Eine Rede von Peter Härtling

Die Zahl der Kindesmisshandlungen, las ich, als ich meine Rede vorbereitete, nehme rapide zu. Und die Zahl der Kinder nimmt in den meisten mitteleuropäischen Ländern ab. Es scheint, als seien wir nicht mehr imstande, Anfänge zu ertragen und zu fördern, als hätten wir es aufgegeben, der Zukunft zu trauen.

Der jugendliche Mensch, der auf seine Unabhängigkeit bedacht ist und in seinen Bindungen wechselt, ist zum Idol der Verbrauchergesellschaft geworden. Kinder und Alte hingegen verlangen soziale Aufmerksamkeit, Pflege, Verpflichtung – das ist einer modischen Asozialität schon zu viel. Allenfalls nähme man Zeitkinder in Kauf, die man nach Lust und Laune abholen und abliefern könnte.

Zärtlichkeit verschwenden die krisenbewussten Erwachsenen nur noch untereinander.

Das Kind stört in der fatal falsch verstandenen Selbstbefreiung von Frauen und Männern. Die Familie – häufig genug missbraucht als Zelle restaurativer Ideologie – wird nun in ihrer Funktion, ihrem Sinn angezweifelt. Sie enge ein, mache dumm, zeige sich einer beweglichen Gesellschaft nicht gewachsen. Das sind egoistische Vorwände. Wieso den Konsum teilen? Wieso sich für mindestens ein halbes Leben verpflichten? Wieso sich auf die Folgen einer Gemeinsamkeit einstellen, die auf Widerruf eingegangen wurde? Ich weiß, mein Zorn lässt mich übertreiben. Doch ich denke an Kinder und unter welchen Umständen viele aufwachsen: schon empfangen als Störenfriede und hernach auf Wohlverhalten dressiert. Die Generation der heute Dreißigjährigen, der jungen Väter und Mütter, kennt nur den Frieden, der freilich stets bedroht ist – eine vom Wohlstand gepolsterte Friedlosigkeit. Sie folgte, ohne Zeit zum Nachdenken, den Parolen eines geradezu rasenden Verbraucher-Egoismus, und die Werbung suggerierte ihr, dass al-

Foto: Alexa Gelberg

lein Jugend den Aufstieg garantiere. Sie hat allen diesen Versprechungen, die sich in schönen Bildern gleichsam bestätigen, getraut.
Als dann fragwürdig wurde, was bis in alle Ewigkeit haltbar schien, brachen manche aus, zum Erstaunen und Entsetzen der Älteren, die sich nun wunderten über die Heftigkeit, die Verzweiflung, die Brutalität dieser Rebellion. Die Eltern dieser Rebellen hatten sich in der Tat nach dem Frieden gesehnt, sie haben ihn sich auch nach ihrer Vorstellung geschaffen, aber sie haben ihn so gut wie nie erklärt, seine Notwendigkeit und seine Anfälligkeit; die Furcht und die Zerstörung, aus der er entstand. Sie holten atemlos nach. Die Früchte ihrer Anstrengung fielen den Kindern erst einmal in den Schoß. Wie konnten sie, so verstrickt in die Mehrung des Wohlstands, sich verständlich machen?
Als die Kinder dann den Besitz als selbstverständlich hinnahmen, als

sie, über alles verfügend, von »Gewalt gegen die Sachen« zu reden begannen und auch jene verhöhnten, die den Grund ihrer Wut verstanden, als die Gewalt sich schließlich gegen den Menschen richtete, als die Nachrichten über Kriege und Guerilla wieder die Zeitungen füllten, reagierte diese bewegliche Gesellschaft zwar rhetorisch voller Abscheu, merkantil jedoch höchst durchtrieben – in den Spielwarenläden stapelte sich wieder kleines Kriegsgerät: Panzer und Raketen, Schlachtschiffe zum Selberbauen; und in Büchern und Zeitschriften wird der tapfere Hartmann vom Himmel geholt oder graben sich Landser ein, um auf den ewigen Feind zu warten. Wie, frage ich, sollen die Jungen mit der geschäftstüchtigen Verlogenheit ihrer Väter zurechtkommen?

Die Moden wechseln, die Kinder müssen es büßen. Es ist noch nicht lange her, da hat man unser Jahrhundert in einem zweiten Anlauf zu einem des Kindes machen wollen. Viele Eltern lasen mit Eifer die Schriften der großen Kinderfreunde unserer Zeit, studierten Anna Freud und Piaget, Bernfeld und Rühle. Antiautoritäre Erziehung war nicht nur ein Schlagwort. Man gab sich Mühe zu Hause, in den Kindergärten, den Schulen. Es war nützlich, auch wenn Dogmatiker manche Anstrengung vorzeitig verdarben. Und jetzt? Jetzt ist in der Phase der Selbstentdeckung von Mann und Frau vom Kind kaum mehr die Rede …

Zugegeben: Ich verallgemeinere. Doch aus diesen Erfahrungen, an denen ich mich reibe, schreibe ich Kinderbücher. Ich tue es, wie gesagt, mit Vergnügen ebenso wie mit List und Zorn.

Einige der bereits angedeuteten thematischen Beweggründe will ich genauer erklären:

Es bestand, bis vor wenigen Jahren, in der Kinderliteratur eine Tendenz, Realität auszusparen, zu beschönigen, Härten zu harmonisieren, Unglück zu bagatellisieren oder in einem guten Ende aufgehen zu lassen. Hier wurde eine aus dem 19. Jahrhundert kommende Tradition fortgesetzt: Kinder als kleine Erwachsene, mit einem trivialen Gefühlsleben versehen, fest eingespannt in das Schema von oben und unten, gut und böse, arm und reich.

Ein Spyri-Mädchen wurde, derart vorbereitet, zur Courths-Mahler-Frau. Gefühle verkümmerten zu Platituden. Wer, so lesend, Wirklichkeit lernt, wird nicht nur irregeführt, sondern wehrlos gemacht. Wenn einer mit Hilfe der Literatur fliehen will, sollte er eine Welt finden, die seine Phantasie aufstört und ihn die Realität dennoch nicht vergessen lässt. Die große phantastische Literatur hat immer utopische Züge: Sie setzt die Welt, aus Trauer über ihre Unvollkommenheit, neu zusammen. Was heißt für Kinder Wirklichkeit? Sie werden von ihr ja nicht geschont, auch wenn es die Eltern mitunter meinen. Die enge und weitere Umgebung wird von den Kindern in Bruchstücken wahrgenommen, aufgenommen.

Sie sehen aus einer anderen Perspektive als die Großen. Sie haben kaum die Fähigkeit, sich zu schützen, auszulesen.

Alles trifft sie unmittelbar, unerklärt. Also bedeutet es für den, der Wirklichkeit für Kinder zu beschreiben versucht, diesen Blickwinkel ernst zu nehmen. Er darf sich nicht klein machen, sondern muss die Bruchstücke zu Bildern, zu verständlichen Bildern zusammenfügen. Er muss überdimensional erscheinende Handlungen fassbar machen. Er muss das, was aus falscher Rücksicht ausgespart wird, in die Geschichte hereinholen. Nur so kann dem lesenden Kind beigebracht werden, wie es mit seiner Umgebung umgehen, wie es sich wehren, wie es zustimmen, wie es agieren und reagieren kann. Voraussetzung ist eine stets begreifbare Anschaulichkeit. Der Begriff, den wir von einer Sache haben, muss zur durchaus spannenden Szene werden. Die Sprache darf deshalb nicht abstrahieren; sie sollte sich auch nie kindisch machen.

In nicht wenigen Kinderbüchern werden die Leser durch ein läppisches Diminutivdenken verhöhnt. Eine Art von Zwergenphilosophie rumort da in Autorenköpfen. So werden Kinder beleidigt. Kindliche Leser sollen sich engagieren – freilich nicht für irgendeine Partei, irgendeine Ideologie, sondern sie sollen Recht und Unrecht erkennen, sie sollen beim Lesen lachen und weinen, zornig sein und sanft, dafür reden und dagegen. Das geschieht am ehesten, wenn sie sich identifizieren. Auf der Fährte solcher anziehenden Gestalten und mit einer

Sprache, die das Schwierige nicht vereinfacht, können sie auch an die Ränder unserer Wirklichkeit geführt werden, in die Verlassenheit, die Armut, die wortlose Verzweiflung.
Über die Liebe wird derzeit debattiert wie über Hochleistungssport. Die Kinder sehen auf Illustriertenfotos die üppigen, makellosen Produkte einer den Konsum ebenfalls vorantreibenden Sexualtechnologie. In Zeitschriften werden sie unterrichtet über reibungslose, folgenlose Partnerschaft. Schmerz, Zweifel, Leidenschaft, Melancholie sind ausgeschlossen. Kürzlich hörte ich einen Zehnjährigen lakonisch über einen Klassenkameraden urteilen: Der ist ja impotent. Das entsetzliche Leistungsdenken schießt in einem naiven Kürzel zusammen: Ist diese von den Dreißig- bis Vierzigjährigen perfekt eingerichtete Hölle – in der es ein Finanzmanagement ebenso gibt wie ein Sexualmanagement, in der Liebe gilt –, ist diese Hölle die Zukunft unserer Kinder? Dagegen ist anzuschreiben. Von Wärme soll erzählt werden, von der Nähe des anderen, auch von Hilflosigkeit, die Hilfe erhofft; von Umarmungen, die Glück ausdrücken oder Unglück lindern. Es sollte versucht werden, mit Sprache einen Raum zu schaffen, in dem ein Kind sich wärmen kann, und Zärtlichkeit mitzuteilen, ohne sich lächerlich zu machen. Dass der Mensch des Menschen Wolf sei, wird den Kindern nicht allein in Wort und Bild eingehämmert; es wird ihnen vorgelebt. Folter und Mord ziehen ihre blutige Spur auf dem Bildschirm. Die Schwellen, die unser Leben schützen, sind niedrig geworden. Freiheiten einschränkende Gesetze helfen da, meine ich, nicht. Wir, die wir schreiben, können in Erzählungen Leben ausbreiten, seine Fülle, seine Hoffnungen, seine Unversehrbarkeit. Wir können die Empfindlichkeit gegen das Grausame wecken, wir können, beinahe schon Prediger einer besseren Wirklichkeit, ohne alles Pathos, Beispiele von Brüderlichkeit, von Nachbarschaft, von Mut für das Leben erzählen. Wir sollten, schreibend, die Furcht vor dem jeweils anderen abbauen und die Macht der Ohnmächtigen Wort für Wort buchstabieren. Wer vom anderen nichts weiß, achtet ihn nicht und schlägt ungehemmter zu. Blinde Wut sieht nichts und niemand.
Noch fehlen zwei Elemente, die Kindheit und Literatur verbinden

und verbünden: Unruhe und Neugier. Nein, die Bücher, die ich meine, sollen nicht beschwichtigen, sie sollen beunruhigen und wecken. Neugierig sollen sie machen auf Menschen und Dinge, auf das Unbekannte im Bekannten, sogar auf das Unmögliche. Bücher können zu neuen Gedanken herausfordern. Denk weiter, rede weiter, erzähl weiter. Trau deiner Phantasie, aber lasse sie die Wirklichkeit nicht vergessen: Das sind Leitlinien, auf denen Sätze für Kinder geschrieben werden können. Und dies alles nicht ohne Witz, Vergnügen, Liebe, Anschauung und Erfahrung, Genauigkeit, Leidenschaft, Vernunft. Und das in einer Sprache, die Empfindungen nicht verkleinert. Denn die Freiheit, die so häufig und so verlogen gerühmt wird, beginnt mit dem ersten Blick, der ersten Geste, der ersten Zuwendung, dem ersten Wort, dem ersten Gedanken. Da kann sie schon verloren sein.

Diese Rede wurde am 3. 6. 1977 in Wien gehalten – zum 30-jährigen Bestehen der Österreichischen Jugendschriften-Kommission

●

Lieber Peter Härtling!
Ich will Ihnen erzählen, wie ich durch Sie zum Lesen gekommen bin. Ich hatte keine Lust am Lesen und deshalb konnte ich auch kaum lesen. Immer wenn ich lesen sollte, hat der große Streit zwischen mir und meiner Mutter angefangen. Einmal hat meine Mutter wieder gesagt, ich solle doch mal wieder etwas lesen. Ich bin hoch gegangen und habe die "Sofie" runtergeholt und meine Mutter hat gesagt, ich solle nicht ein Buch holen, was ich schon auswendig kann. Dann habe ich "Theo haut ab" geholt und angefangen zu lesen. Ich habe jeden Tag gelesen, aber ohne Lust. Lesen tue ich jetzt immer noch, aber mit viel mehr Lust, und ich habe inzwischen gemerkt, dass Bücher nicht nur zum Lernen für die Schule da sind, sondern auch, um etwas Interessantes zu erfahren. Und besonders Ihre Bücher finde ich gut, weil man in Ihnen die Wirklichkeit erfährt und nicht, dass man abhaut und der große Star auf Erden wird, sondern wiees wirklich ist.
Viele Grüße Dein Nikolaus

Leserbrief an Peter Härtling

Fünf Überlegungen beim Schreiben von Kinderbüchern

Von Peter Härtling

1953 veröffentlichte ich mein erstes Buch: ein Gedicht-Heft von 16 Seiten. 17 Jahre später erschien mein erstes Kinderbuch: »... und das ist die ganze Familie«, das ich heute, um Erfahrungswerte reicher, eher für ein Buch über Kinder für Erwachsene halte. Ich habe also als Autor über lange Zeit nicht erwogen, für Kinder zu schreiben. Ich konnte es mir – solange ich selber keine Kinder hatte – auch nicht vorstellen. Als ich dann meinen Kindern vorlas, ärgerte ich mich über manches Buch. Ich fing an, Kinderbücher zu besprechen. Und ich stellte fest, dass die Literatur überaus aufmerksame, spontane, kritische, phantasievolle Leser nicht ernst nahm. Das war der Anstoß: Versuch es selber, meckere nicht über andere.

Die erste Überlegung: Du darfst dich als Autor nicht verraten. Du darfst dich nicht niederbeugen, nicht klein machen.

Die zweite Überlegung: Lerne einfache Sätze schreiben. Das heißt aber nicht: kindische. Mute deiner Sprache, wie auch sonst, alles zu, denke daran, dass du deinen Lesern, den Sieben- bis Vierzehnjährigen, keine Unverständlichkeiten zumutest. Du willst sie erreichen, du willst, dass sie mit deiner Hilfe zur Literatur finden.

Die dritte Überlegung: Es heißt so einfach: Der Mensch ist ein soziales Wesen. Du kannst davon erzählen. Du kannst deine Kritik, deine Wut, deine Hoffnung anschaulich machen in Geschichten und deine Leser – ohne den didaktischen Finger zu heben – provozieren, nachzudenken, mitzudenken und vielleicht auch zu handeln.

Die vierte Überlegung: Fast alle deine Leser reiben sich an den offenen, fragenden Schlüssen deiner Erzählungen. Offenbar neigt jeder dazu, zu harmonisieren, sich ein Happy End zu wünschen. Schreib so spannend, dass das Fragezeichen am Ende anregt zum Weiterdenken.

Die fünfte Überlegung: Beschreibe Wirklichkeiten – aber so, dass sie die Phantasie nicht lähmen, den Traum nicht ausschließen. Hilf den Kindern nicht, mit der Literatur aus der Wirklichkeit zu fliehen. Hilf ihnen, ihre Welt zu verstehen, zu durchschauen, zu bezweifeln, zu befragen und, wenn es nötig ist, anzugreifen. Hilf ihnen in ihrer Liebe, in ihrem Zorn, beim Lachen und beim Weinen. Wer seine Gefühle aussprechen kann, ist schon weiter.

Seit seiner Rede über die »Wirklichkeit der Kinder« (anlässlich der Verleihung des Deutschen Jugendbuchpreises 1969 an Ali Mitgutsch, Isaac Bashevis Singer, Jan Procházka und Scott O'Dell) hat Peter Härtling immer wieder seine Sicht von Kinderliteratur und Kinderwirklichkeit vorgetragen. Als er selbst (1976) für sein Kinderbuch »Oma« den Deutschen Jugendbuchpreis bekam, veröffentlichte der Verlag zur Preisverleihung diese Überlegungen von Peter Härtling.

»Die Vogelschrift, ich kann sie nicht lesen«

Werkstatt mit Peter Härtling
Von Hans-Joachim Gelberg

Mit dem Telefonieren haben wir es nicht so sehr. Ich bin kein guter Telefonierer; er eigentlich auch nicht. Aber viele Briefe gibt es, einen dicken Ordner voll, und Gespräche. Jedes seiner Kinderbücher hat einen eigenen Entstehungsprozess gehabt. Unsere Zusammenarbeit begann sichtbare Form anzunehmen, als 1969 »Und das ist die ganze Familie« erschien. Ich war damals Lektor beim Bitter Verlag in Recklinghausen. Voraus wirkte wohl auf mich jener kluge, leise Essay, »Verwandlung der Einfalt«, den Peter Härtling 1961 über die Gugummer-Gedichte von Josef Guggenmos veröffentlichte. Merkwürdigerweise sind diese wunderbaren Gedichte bis heute nahezu unbekannt geblieben, obwohl sie insgesamt dreimal ediert wurden. Härtling hat den Rang dieser Lyrik früh erkannt und fügt den Hinweis hinzu: »... eine seltene und kostbare Leistung, die kaum ohne die Kinderbücher des Autors zu denken ist.« Dies signalisierte mir Härtlings Interesse für Kinderliteratur. Anlässlich der Verleihung des Deutschen Jugendbuchpreises im November 1969 in Bayreuth hielt Härtling seine programmatische Rede (und Laudatio auf Ali Mitgutsch, Isaac Bashevis Singer und Jan Procházka) über die »Wirklichkeit der Kinder«. Mir wurde unmittelbar klar, dass Härtling selbst seine Forderung nach mehr Wirklichkeit in den Kinderbüchern einlösen könnte. An anderer Stelle habe ich schon berichtet, wie sich Härtlings Kindertagesläufe, vom Tage dieser Rede an, zu seinem ersten Kinderbuch »Und das ist die ganze Familie« entwickelt haben.

Die Kinderliteratur der 70er Jahre wurde von Härtling in Theorie und Praxis erprobt; seine Reden und sein Nachdenken über Kinderwirklichkeit sind ohne seine Kinderbücher nicht gut denkbar. Und umgekehrt. Es ist wohl konsequent, wenn nun Autoren, die anfangen für Kinder zu schreiben, mit dem so genannten (vom Verlag seiner Kinderbücher und der Stadt Weinheim gestifteten) »Peter-Härtling-Preis für Kinderliteratur« bedacht werden. Dies alles gehört mit zur Wirkung Härtlings als Kinderbuchautor. Es ist sozusagen der »eine« Härtling; doch der »andere« gehört dazu. Härtling ist vielleicht der einzige Autor, der den ungewohnten Spagat, auf der einen Seite für Kinder und auf der anderen Seite für Erwachsene zu schreiben, schadlos durchhält. Und dies nun schon seit gut zwanzig Jahren.

Hierbei ist erkennbar, dass Härtlings Kinderbücher manches gemeinsam haben mit seinen Romanen für Erwachsene. Die »Oma« (1975) seiner Kinderbücher bringt Impulse aus dem 1974 veröffentlichten Roman »Eine Frau«. Was Härtling in »Zwettl« (1973) erinnert, hat auch mit seinem späteren Kinderbuch »Krücke« (1986) zu tun. Sicher sind noch mehr »Spuren« vorhanden. Immer wieder gibt es in seinen Romanen »geglückte« Kindergestalten, zum Beispiel Pakko, das stumme Kind, in »Windrad« (1983), das auf den »Hirbel« verweist.

Härtling erzählt in seinen Büchern von alten und jungen Frauen und von Kindern, von Müttern und Vätern – wie sie miteinander oder gegeneinander leben, wohnen, essen, schlafen, lieben. Das sind seine Geschichten. Um für Kinder zu schreiben, bedurfte es keiner Verwandlung, keiner Kniebeuge – er blieb sich treu. Seine Kinderbücher waren »nur« anders zu formen, notwendigerweise einfacher, schlichter. Sie konzentrierten sich mehr auf das erlebte, vorgestellte, erfahrbare Kind, auch auf seine Sprache. Alle seine Kinderfiguren haben Unverwechselbares: Hirbel, Theo, Ben und Anna, die Sofie, Jakob, die Fränze. Ihre Wahrheit, ihre innere Welt ist angefragt. Darum ging es auch in unserer Konsequenz zu den einzelnen Büchern. Wir fragen uns: Kann das, darf das so sein? Wird der Erwachsene in diesem Zusammenhang verkürzt, weil ein Kind mit seinem Erfahrungsschatz nicht verstehen kann, was da geschieht? Und ist es nicht so, dass auch in der kleineren Form des Kinderbuches im Kern alles enthalten sein muss, was sich entwickeln könnte? Kinderlite-

ratur spart aus, ohne auszusperren! Keine Flucht vor der Wirklichkeit.
Unvorstellbar, dass Härtling seine Familien und die Sehnsucht dahin – das ist ja sein eigentliches Thema – ins Ungefähre gleiten lässt. Hier ist er präzise und seine Bilder sind genau, für Kinder vorstellbar. Die phantastischen Ereignisse kennt er wohl, aber er meidet sie in seinen Büchern. »Die Vogelschrift, ich kann sie nicht lesen«, heißt es einmal in seinen Gedichten. (Also setzt er die Vogelschrift voraus?)
Seine Tiere sind Tiere, seine Menschen sind Menschen, seine Ortswechsel sind Reisen von Ort zu Ort. Niemand kann plötzlich auf Bäume oder sonst wohin fliegen (wie Janoschs »Onkel Poppoff«) und im Keller hausen keine Gurkinger. Das Phantastische ist bei Härtling in den Köpfen der Menschen – nicht sichtbar, doch spürbar, beim alten John zum Beispiel. Das eigentlich Phantastische ist die Wirklichkeit, in der sich das Rettende findet. Der Erzähler Härtling möchte retten, was zu retten ist. Darum schreibt er.
Bei »Krücke« war die darzustellende Wirklichkeit für Leser von heute ein nicht einfaches Gestaltungsproblem. Diese Wirklichkeit von damals war mir selbst vertraut (ich hatte sie als Kind ähnlich erlebt). Nach Abschluss des Lektorats schrieb ich an Härtling: »Es ist ein warmes, tiefes Buch, das dem äußerst komplizierten Thema treu ist: Freundschaft aus Not zwischen einem verbitterten Invaliden und einem verstörten, mutterkranken Jungen. Dazu die erste Nachkriegszeit, das Elend, das noch kaputte Denken und die gegenseitige Hilfe, die damals zum Überleben notwendig war. Schwierig, so etwas 10-jährigen Kindern von heute zu erzählen. An diesem Stoff und deinem Erzählversuch merkt man erst, wie geschichtslos Kinder heute aufwachsen, wie sehr man ihnen die einfachsten Dinge von damals von Grund auf erklären müsste …«
Später, in seiner Rede anlässlich der Verleihung des Peter-Härtling-Preises für Kinderliteratur (1987), reflektierte Härtling: »Doch bald, ich weiß es, nähere ich mich, im Schreiben und im Leben, der Generation meiner Enkel, und nichts wird mich auf-

Pressefoto von 1976

halten, meine Wirklichkeit an ihrer zu prüfen ...«

Die merkwürdige Situation des Autors, der seinen Kindern von seiner eigenen Kindheit und ihrer Kindheit erzählt, wird sie wesentlich anders, wenn er nun, da seine Kinder längst erwachsen sind, den Kindern der Kinder von seiner und ihrer Kindheit erzählen? Und was passiert, wenn inzwischen die dritte Generation anfängt, die Kinderbücher der zweiten Generation zu lesen?

Bei der Neuillustration der »Oma« (1975 erstmals erschienen) durch Peter Knorr tauchten diesbezüglich Fragen auf: Wie alt ist die Oma? »Mit 67 Jahren ist man alt, behaupten die Leute.« Das wird heute anders bewertet als damals. Wie also ist die Oma zu zeichnen? (Übrigens, der Kalle des Buches war 1975 zehn Jahre alt, heute wäre er 25 und längst erwachsen.) Können Kinderbücher altern?

Wie sehr die Oma die bleiben muss, die sie nun einmal ist, betont Härtling aus ganz anderen Gründen, in seiner Antwort an den Kinderbuchverlag, der die »Oma« in der DDR in Lizenz bringen wollte, vorausgesetzt, der Autor sei bereit, den erwähnten Politiker »Kurt Schumacher« zu entfernen. Härtling antwortete: »Ich kann der ›Oma‹ ihre Meinungen und Erinnerungen nicht wegnehmen. Sie hat andere als ich. Doch ich mag sie. Und Kurt Schumacher gehörte eben zu den Erfahrungen *dieser* Oma. Auch bei uns kennen die meisten Kinder den Namen Schumacher nicht mehr und auch bei uns ist die Bewertung dieses Politikers durchaus nicht einhellig. Die ›Oma‹ hat bewertet. Das muss ich ihr lassen ...«

Und im gleichen Zusammenhang schreibt Härtling mir: »... ich kann, wenn es um erzählte Geschichte geht, sie nicht umerzählen oder löschen. Die Oma ist eben mal, wie nicht wenige aus ihrer Generation, durch die Verehrung für Schumacher zur Politik gekommen. Und wenn das Lektorat des Kinderbuch-Verlages mir schreibt, Kurt Schumacher sei nicht eben ein Freund der Arbeiterklasse gewesen, dann wird arrogant Geschichte gefälscht. Dieser, von KZ-Schergen zum Krüppel geschlagene Mann hat seine Erfahrungen, seine Qual immerhin über Jahre mit Kommunisten geteilt.«

Härtling schreibt auf verschiedenen Ebenen; das Kinderbuch ist nur eine davon. Dennoch lässt sich nicht sagen, dass seine Kinderbücher nebenbei entstehen, gewissermaßen in den zeitlichen »Lücken« zwischen den Erwachsenenbüchern. Peinlich genug, dass man hierzulande erst verständlich wird, wenn man unterscheidet zwischen »erwachsener« Literatur und *Kinder*literatur. Dabei ist es doch immer wieder der gleiche Schreibvorgang. Wenn Härtling ein neues Kinderbuch im Sinn hat, bekomme ich vorsichtig erste Signale, eines fängt (März '85) so an: »... die anregende aufregende kräftezehrende phantasieausbeutende Strapaze des letzten Jahres liegt hinter mir: Das Buch ist abgegeben, wieder ein Lebenszettel vom Kalender, und ich suche in mir herum wie in einem leeren Zimmer: lang werde ich diesen Zustand nicht ertragen und muss wieder was anfangen. Ich gebe dann ein ZEICHEN!«

»Abgegeben« war wohl der 1985 bei Luchterhand erschienene Roman »Felix Guttmann« und 1986 folgte dann das Kinderbuch »Krücke«, das sich für mich vorsichtig so ankündigte und erst sechs Monate später ausdrücklich als »langsam, aber stetig« wachsend bestätigt wurde. Der Begleitbrief zum fertigen Manuskript hat mich dann erschreckt; denn Härtling schrieb: »... Vielleicht ist es das letzte Buch für Kinder, das ich schrieb – ich dachte es unbedacht und traurig, und doch könnte es möglich sein, denn so nah ich den Kindern auch bin in diesem Buch und dem Kind, das ich gewesen bin, ich entferne mich auch von ihm ...«

Er schreibt seine Briefe, das ist

oft zu spüren, mit Lust und teilt sich mit, reibt sich an der Sprache, erfindet Wortkaskaden, blödelt, schimpft und schimpfelt (wie Sofie), wenn die Abrechnung der Lizenzen auf sich warten lässt, und tröstet mich, wenn ich wie Don Quichote mit Verlags-Windmühlen kämpfen muss. Und dann – zwischendurch, wenn es wieder um ein Manuskript geht –, beschwörend: »Ich bin sicher, dass mir was Neues einfällt, wenn wir miteinander reden und uns gegenseitig Wörter und Sätze zuwerfen« – diesmal ging es um die »Sofie«.

Aus unserer Zusammenarbeit ist Freundschaft geworden. Sein Zuspruch hilft mir: »Und du hast ausgespielt, was die anderen zu haben glauben, und was wir haben, weil wir davon und dafür und damit leben: Phantasie! – Im Ernst: Du hast tatsächlich gegen die Miesmacher, die Trendsetter, die Leisetreter, die Schönbüchler, die Sanftfurzer, die AusDerWirklichkeitFlüchter Berge versetzt!«

Der Autor, der die »Tagesläufe mit Kindern«, der den »Hirbel« schrieb und 16 Jahre später die »Fränze« (das sind aus meiner Sicht immerhin über 20 Jahre Lektoratsarbeit), ist wie ich älter geworden, aber er ist für mich unverändert der mitfühlende, sensible und immer wieder Kritik annehmende Autor geblieben. (Dazu muss man wissen, dass Lektorenkritik ans »Eingemachte« geht, also auch vom Autor selbst gewollt sein muss.)

Härtling ist ein glänzender Vorleser, neugierig auf die Wirkung seiner Geschichten. Und er ist ein leidenschaftlicher Leser. Das überträgt er auf die Kinder. Ich habe mir einmal notiert, was er mir von einer Lesung berichtet hat. Wie immer kommt es nach der Lesung zu einem Gespräch. Die Kinder wollten wissen, ob er, Härtling, viel läse, viele Bücher? Härtling: Ja, ich lese viel, auch viele Bücher. Ein Kind: Warum? Härtling: Damit ich nicht arm werde. – Worauf die Kinder lange schweigen. ●

Erstveröffentlichung in »Bulletin Jugend + Literatur« Nr. 2/1991.

Foto: Alexa Gelberg

Peter Härtling in seinem Arbeitszimmer in Mörfelden (1993).

Meinen ersten Kinderroman schrieb ich über einen behinderten Jungen …

Peter Härtling über den »Hirbel«

Meinen ersten Kinderroman schrieb ich über einen behinderten Jungen, »Das war der Hirbel«. Das Buch wurde erst einmal kaum beachtet. In ihm gab es kein Happy End, es versöhnte nicht, also war es heranwachsenden Lesern auf keinen Fall zuzumuten. Literatur wurde, nach dem Verständnis vieler Eltern, für Kinder erträglich erst dann, wenn sie harmonisierte und heilte. Lehrerinnen und Lehrer begriffen jedoch bald, dass diese törichte Schonung zugleich auch einen Entzug an sozialem Reagieren bedeutete. Wie viel Unerklärtes und Unerklärbares erfahren Kinder in ihrem Alltag.

Inzwischen habe ich allein zu dem Buch über Hirbel mehr als zehntausend Leserbriefe bekommen. Die jungen Leser identifizieren sich beinahe ausnahmslos mit dem beschädigten, in gewissem Maß hilflosen Kind. Sie schlüpfen voller Anteilnahme, doch auch voller Zorn über die Ungerechtigkeit und Lieblosigkeit, die Hirbel widerfährt, in die schäbige Hülle und füllen sie aus mit ihren Wünschen und Fragen.

> Der »Hirbel« ist eine Geschichte die auf den Erfahrungen von Härtlings Frau, Mechthild Härtling, basiert, die damals als Psychologin in Heimen gearbeitet hat. Mittlerweile ist das Buch – genauso wie »Ben liebt Anna« – Schullektüre. Tausende von Kindern haben dem Autor geschrieben und Fragen gestellt. Für Härtling sind diese Briefe auch eine Aufforderung an die Literatur, lebendig zu bleiben und »ein bisschen auch wieder zu den Lesern hin zu finden. Ich habe hier eine Chance, die ich beim Schopf packe. Ich kann manche, nicht alle Kinder, ein bisschen zum Lesen bringen. Ich kann sie nicht dazu zwingen, aber ich kann sie dazu reizen.«

Allerdings widersprechen die meisten Kinder dem offenen Schluss der Geschichte. Wie kannst du, werfen sie dem Autor vor, den Hirbel so allein lassen? Sie korrigieren, schreiben Fortsetzungen. In ihnen erwidern sie dem uns Erwachsenen so fabelhaft antrainierten sozialen und ökonomischen Egoismus. Sie verschaffen in ihrer Phantasie dem aus unserer Gemeinschaft verstoßenen Buben ein Zuhause. Dabei übertreiben sie so gut wie nie. Sie gestehen Hirbel das nicht zu, was er ohnedies nicht haben kann, einen ungetrübten Verstand und eine makellose Gesundheit. Sie verschaffen ihm Wärme, Freundlichkeit, Schutz, verhelfen ihm zu Menschen, »neuen Eltern«, die ihn zu verstehen versuchen, auch in seiner Fremdheit, seinem Anderssein.

Da leuchtet auf, wofür und wohin ich schreibe. Da wird der Grund meiner Sätze klar. Es ist nicht das Zuhause selbst, aus dem Hirbel ausgestoßen ist wie viele Kinder unter uns, sondern die Erinnerung an ein Zuhause, die, oft verschüttet, in jedem von uns, selbst im Verlassenen, Heimatlosen, wachgerufen werden kann.

Der Hirbel, gezeichnet von Eva Muggenthaler

Aus: »Von den Anfängen zwischen Erde und Himmel«, veröffentlicht in der FAZ vom 17. 12. 1988

Leserbriefe zum »Hirbel«

Lieber Herr Härtling! Wir, die Klasse 5c der Realschule Neuffen, haben im Deutschunterricht Ihr Buch »Das war der Hirbel« gelesen, einige Szenen daraus gespielt, uns über die Geschichten unterhalten und Bilder gemalt. Es hat uns viel Spaß gemacht. Besonders gefallen haben uns Hirbels Streiche, vor allem der mit den hypnotisierten Hühnern. Eine Schülerin unserer Klasse hat versucht, Hühner zu hypnotisieren, und dabei festgestellt, dass dies gar nicht geht. Die Hühner bleiben einfach nicht liegen! Haben Sie einen besonderen Trick angewendet, oder Haben Sie es noch gar nicht probiert?

•

Um ihm zu helfen, könnte man Geld spenden, damit mehr Frauen eingestellt werden, die sich um die Kinder kümmern können, auch sollten mehr Spielsachen gekauft werden. Man müsste sich für Kinder wie Hirbel mehr Zeit nehmen, sie adoptieren oder mit ihnen in das Kino gehen oder mit ihnen spielen. Ich selbst habe keine Zeit und habe viele Verpflichtungen, z. B. Turnen, Flöten, Klarinette und Klavier. *Matthias Baumann*

•

Jetzt muss ich Sie noch etwas fragen: Haben Sie den Namen Hirbel aus Hirn und Wirbel herausgesucht? … Hir- und -bel ergibt Hirbel. *Ines Merschel*

»Hirbel« ist ein Spitzname. Der Junge wurde so genannt, weil er aus einem kleinen Dorf in Süddeutschland mit dem Namen »Hürpel« kam. Immer war er »der aus Hürbel«, bis er zum »Hirbel« wurde. *Peter Härtling*

•

Ich fand Ihr Buch »Das war der Hirbel« sehr spannend, aber nicht so schön, dass der Hirbel einen Wasserkopf hatte. Die Geschichten vom Hirbel waren sehr lustig und ich habe oft gelacht. Besonders das Kapitel mit dem Vibrato war sehr witzig. Das Ende des Buches empfand ich traurig, weil wir jetzt nichts mehr hören werden von dem Jungen. *Daniela Günther*

•

Die Geschichte vom Hirbel war sehr lustig und interessant. Nur das letzte Kapitel war sehr traurig. Dass die Frau im Garten die Polizei gerufen hat, fand ich gemein. Mir gefiel es aber gut, dass Frau Maier und Frau Müller sich so um den Hirbel gekümmert haben. Sonst wäre der arme Kerl übel dran gewesen. Außer dem letzten Kapitel fand ich das Buch super. *Tanja Raser*

•

Der Hirbel kann ja nichts dafür, dass er am Gehirn beschädigt ist. Man müsste mehr Geld für ihn investieren und sich mehr Zeit für ihn nehmen.

•

Der Hirbel braucht ein schönes Heim. Aber die Leute denken gar nicht daran, sie sorgen für ihre Bequemlichkeit. Die Leute könnten mit Hirbel einen Ausflug machen. Der Hirbel braucht eine Familie, die ihn lieb hat. Er braucht auch Spielzeug, damit er lernt, wie man damit umgeht. *Arzui Bilir*

•

Das Hirbelbuch, das Sie geschrieben haben, finde ich wirklich gut. Es ist etwas dran, was traurig ist, es ist etwas dran, was spannend ist, und ein lustiges Buch ist es auch noch dazu. Am besten gefiel mir der Kampf mit Herrn Schoppenstecher. Traurig empfand ich Hirbels Abschied. Ich stelle fest, Sie sind ein ganz toller Schriftsteller. *Siegfried Mohr*

•

Ich finde gut, dass der Hirbel in die Hose gepinkelt und sie auf Müller-Maier geschmissen hat. *Toni*

der letzte elefant

Auf eine Zeichnung von Werner vom Scheidt
Von Peter Härtling

ich bin der letzte elefant.
vor hundert jahren fand
mich ein schwarzer prinz und band
an seinen traum mich fest.

der prinz ist tot. und meine haut
ist schwarz vom wetter angeraut.
auf meinem rücken war ein haus gebaut –
dort saß mein prinz und hielt mich fest.

ich konnte tanzen. ich war leicht.
man hat mich einst von hof zu hof gereicht:
seht diesen elefanten dem kein andrer gleicht!
und zog mir bunte decken über für das fest.

dann kam der brand der elefantentod.
die wälder sanken ein und auch die märchen starben.
die häuser wurden schwarz die erde rot –
das letzte fest war wild in seinen farben.

die prinzen starben und die löwen auch.
die tore schlugen zu das reich zerfiel.
der zauberer versuchte es mit götterrauch
doch jenem gott wars nur ein spiel.

»Ruhender Elefant« von Werner vom Scheidt

ich bin der letzte elefant.
mein prinz ist tot. an einem strand
wo ich die wälder nicht mehr fand
hüt ich den letzten baum.

da singt kein vogel. nur der wind.
und sand macht meine augen blind.
vielleicht nimmt einmal doch ein kind
mich mit in seinen traum.

Aus: Spielgeist, Spiegelgeist, 1962 © Verlag Kiepenheuer & Witsch, Köln

»Ich möchte Sie fragen, ob meine Gedanken richtig sind!«

Kinderbriefe zum Gedicht »Der letzte Elefant«

Gedichte sind nicht unantastbar. Auf jeden Fall muss man über sie nachdenken. Das hat vor vielen Jahren eine Schulklasse getan, die Klasse 8a des Liebig-Gymnasiums in Gießen. Aus zwei Schülerbriefen an den Dichter haben wir hier zitiert. Die Schüler sind übrigens inzwischen erwachsen; das Gedicht ist jung geblieben.

Ihr Gedicht »Der letzte Elefant« ist zunächst gar nicht einfach zu verstehen. Ich werde Ihnen schreiben, wie ich mir manches erkläre; aber ich habe auch noch eine Reihe von Fragen an Sie. Ich denke mir, dass in der letzten Zeile der ersten Strophe mit dem »Traum« gemeint ist, dass der Prinz von dem Elefanten träumt und ihn dann wirklich bekommt. Er unternimmt dann alles das, was er früher mit seinem Traumelefanten unternommen hat. Dass der Elefant den Prinzen auch sehr gerne mag, schließe ich daraus, dass der Elefant immer »mein Prinz« sagt. In der 5. Strophe erwähnen Sie »Löwen«. Also lebt der Elefant in Afrika. Auch noch, weil es ein schwarzer Prinz ist. In der 3. Strophe schreiben Sie, dass er tanzen konnte und leicht war. Da in Afrika die Elefanten immer etwas plumper sind als die in Indien, muss dieser ein ganz besonderer sein.

Danach wird gesagt: »man hat mich einst von hof zu hof gereicht.« Meinen Sie damit, dass er mit dem Prinzen umherreiste?

Der Brand ist nicht durch einen oder mehrere Menschen angezündet worden, da der Zauberer mit Götterrauch versuchte, den Gott zu beruhigen, damit er den Brand einhält. »die häuser wurden schwarz die erde rot.« Wollten Sie damit ausdrücken, dass die Häuser von dem Rauch schwarz waren und die Glut die Erde rot machte? Ich glaube, das letzte Fest war dieser Brand.

Die nächsten zwei Strophen Ihres Gedichtes sind mir klar. Nur in der

7. weiß ich nicht, was Sie mit den Zeilen »vielleicht nimmt einmal doch ein kind mich mit in seinen traum« meinen. Ich könnte mir nur vorstellen, dass der Elefant hofft, dass noch einmal ein Kind an den alten Elefanten denkt … *Heike Orth*

Mir gefällt an dem Gedicht nicht, dass alles klein geschrieben ist. Ich stelle mir Ihr Gedicht so vor, dass sich der Prinz einen Elefanten wünscht und dass er in seinen Träumen von einem Elefanten träumt. Vielleicht sind Sie auch ein Tierliebhaber und hätten auch gerne einen Elefanten. Ich möchte gerne einmal wissen, wie Sie auf die Idee kamen, dieses Gedicht »Der letzte Elefant« zu schreiben, oder gibt ein Dichter auf so eine Frage keine Antwort?? Dann haben Sie sich in die Lage des Elefanten versetzt: »auf meinem rücken war ein haus gebaut«: Das stelle ich mir so vor, dass der Elefant auf dem Rücken eine Sänfte trug. In orientalischen Filmen kann man das heute noch sehen.»
die wälder sanken ein und auch die märchen starben. die häuser wurden schwarz die erde rot –« Über diese zwei Verse habe ich lange nachgedacht, und ich möchte Sie fragen, ob meine Gedanken richtig sind. Ich dachte mir, dass auf den Festen viele Märchen erzählt wurden und dass der Elefant sie gerne hörte und dass er sie vermisste, als alle Menschen gestorben waren und er ganz allein war. »die häuser wurden schwarz die erde rot –«: ist zwar ziemlich unwahrscheinlich, aber vielleicht gab es nur Holzhäuser, die leicht verbrannten, und dann ist die Glut von den verkohlten Holzresten auf die Erde gefallen und dann sah es aus, als wenn die Erde rot wäre. In der letzten Strophe kam ich zu keinem sehr überzeugenden Schluss. Ich habe mir aber gedacht, dass sich der Elefant sehr einsam fühlt, und er denkt vielleicht, er sei der einzige noch lebende Elefant. Und wenn ein Kind von ihm träumt, merkt er, dass er noch nicht in Vergessenheit geraten ist …
Eduard Birkenstock

Wie ich das Gedicht vom letzten Elefanten schrieb

Von Peter Härtling

Manchmal, wenn ich ein Gedicht von mir wieder lese, kommt es mir vor, als verwandle ich mich in den, der vor vielen Jahren das Gedicht schrieb. Ich erlebe es so wie damals. Zum Beispiel bekomme ich ganz zufällig eine Zeichnung in die Hände ...

Ja, so war's, genau vor 28 Jahren. Ich kann es kaum glauben, dass es schon so lang her ist. Mir erscheint es wie gestern. Ich arbeitete als junger Journalist in einer Zeitungsredaktion in Köln und bereitete eine Seite mit Geschichten und Gedichten für die Sonntagsbeilage vor. Eine Geschichte hatte mir die Dichterin Martha Saalfeld geschickt. Dieses Mal steckte in dem großen Briefumschlag nicht nur ihr Manuskript, sondern ein Blatt aus festem Papier. Sie lege, schrieb sie, »einfach zur Ansicht« eine Zeichnung ihres Mannes bei. Ich wusste, dass sie mit dem Maler Werner vom Scheidt verheiratet war.

»Einfach zur Ansicht ...« Ob Martha Saalfeld klar war, dass sie mir keineswegs bloß einen gezeichneten Elefanten schickte? Dass sie mir vielmehr einen Elefantenschock versetzte! Ein Blick genügte und der Dickhäuter fing an zu reden. Natürlich nicht laut. Die Kollegen in der Redaktion hätten mich für verrückt gehalten. Nein, er redete in mir. Ich hatte mich in ihn verguckt. In seine Schwere, in die Wellenlinien, die seinen Leib runzlig machten. Ich spürte, wie müde er war. Wie allein. »Ich bin der letzte Elefant«, sprach die Stimme in meinem Kopf. Ich schaute auf die Zeichnung und wusste wie von selbst die Geschichte des Elefanten: Vor hundert Jahren fand / mich ein schwarzer Prinz / und band / an seinen Traum mich fest.«

Lese ich heute das Gedicht, verblüfft es mich, wie viel ich schon vor dreißig Jahren von der Gefährdung der Natur ahnte. Aber war ich es denn? War es nicht mein Elefant? Genau genommen ist es egal: In dem Gedicht stecken wir beide.

Über das Schreiben und Lesen von Gedichten

Von Peter Härtling

Warum muss man Gedichte zu Prüfsteinen machen, wenn man sie auch miteinanderlesen kann? Es zeigt sich, dass ganz streng und eng geführte Interpretationswege, die den Schülern beigebracht werden, tödlich sein können, da sie nicht zum Lesen führen. Die Theorie oder die theoretische Vorstellung des Lehrers legt sich wie Mehltau auf das Gedicht und lähmt das Interesse. Ich fände es beispielsweise viel interessanter, wenn man Gedichte erst einmal nicht als theoretisch aufgliederbare Gebilde bespräche, sondern sie in einen Zusammenhang stellte. Ich meine, die Dichtung entsteht aus Realität, auch aus einer Lebensrealität heraus. Die Schule hat immer versäumt, diese Lebensrealität, meinetwegen auch das Biographische, aufzunehmen in den Unterricht. Sie ging immer ungemein puristisch mit Dichtung um. Ich möchte die Schmutzflecken um ein Gedicht herum gerne auch mitvermitteln, weil sie ein Stückchen mehr Leben bedeuten.

Aus: »Warum muss man Gedichte zu Prüfsteinen machen, wenn man sie auch lesen kann?« (Werkstattgespräch mit Wolfgang Geißler u. Peter E. Kalb) in : »betrifft: erziehung«, Weinheim 1981

Gedichte schreiben ist nicht mehr zeitgemäß. Gedichte lesen auch nicht? In Schulbüchern stehen gute und schlechte Gedichte, bekannte und unbekannte, und sie werden, wie es streng heißt, »durchgenommen«. Freilich hat sich auch in der Schule das Verhältnis zur Poesie gewandelt. Gedichte sind keine unantastbaren Gegenstände mehr; sie werden nicht mehr gepaukt, Strophen werden nicht mehr, nachdem man sie auswendig gelernt hat, zum Alptraum – heute werden Gedichte von den Schülern unverhohlen befragt, kritisiert. Die Autoren sind nicht entrückt, sie müssen sich stellen, und viele Fragen sind schwer zu beantworten. Das merkte der Autor des Gedichts »Der letzte Elefant«, als er die Briefe der Klasse aus Gießen las, als er gezwungen war, Zeilen zu erläutern, die er vor mehr als zehn Jahren geschrieben hatte und die nun in der Befragung fragwürdig wurden. Es machte

Foto: Isolde Ohlbaum

ihm Spaß. Er schrieb einen langen Brief an die Gießener Schüler, in dem er manches erklärte, manchmal sich jedoch außerstande sah, erklären zu können. Für die Kinder war sein Elefant ein paar Schulstunden lang lebendiger als für ihn. Nicht, dass er ihn vergessen hätte, doch die Distanz zwischen Autor und Gedicht war größer geworden. Die jungen Frager hoben sie auf.

Aus: Vorwort zu einem Sonderdruck der Verlage Goverts, Krüger, Stahlberg mit dem Gedicht »Der letzte Elefant« und Schülerbriefen der Klasse 8 a des Liebig-Gymnasiums Gießen

»Ich kann keine Paradiese schildern«

Eine Collage aus Reden und Aufsätzen von Peter Härtling

Erinnerte Zeit

… darum beharre ich auf einer Literatur, die Geschichte erzählt. Kinder sollen erfahren, woher Menschen kommen, was sie erfahren haben, wie sie miteinander leben können oder wie nicht. Ich möchte, dass Kinder lesend Partei ergreifen für Personen, dass sie sich identifizieren. Es geht mir nicht um Heldenkult, Sie wissen es. Und dennoch lasse ich mir von den Literaturtheoretikern nicht einreden, dass es keine Helden mehr geben dürfe. Ich brauche sie, schreibend, selbst. Denn ich will ihnen mitgeben, wonach ich mich kindlich sehne: die Lust, mit Menschen umzugehen, mit dem Leben halbwegs fertig zu werden oder wider bessere Vernunft und wider alle Übereinkunft etwas zu tun, etwas auszurichten, zu lieben, zu trauern. Ich versuche, nichts auszusparen, nichts zu beschönigen.

Aus »Helft den Kindern, helft den Büchern!«, Über Kinder und Literatur, hrsg. v. Peter Härtling, München 1985

Damals, als wir Kinder waren, herrschte Krieg. Er veränderte unser Leben, er veränderte die Menschen, er veränderte unsere Umgebung und er veränderte die ganze Welt. Wenn ich das schreibe, meine ich es bitterernst. Doch euch bedeuten solche Sätze nur noch wenig, da ihr euch diese schrecklichen Veränderungen kaum vorstellen könnt. Ich weiß das. Ich habe es aufgegeben, gedankenlos von damals zu erzählen. Meine Kinder haben es mir vorgeworfen und ich habe sie verstanden. Krieg ist für sie erst einmal nur ein klagend oder nachdenklich oder drohend gebrauchtes Wort. Krieg darf es nicht mehr geben. Klar! Selbst das ist Geschwätz. Denn Krieg wird bis heute immer wieder auf der Welt geführt. Und immer wieder bringen sich Menschen gegenseitig um. Wir schauen uns Bilder vom Krieg im Fernsehen an und sind weit fort von ihnen. So weit fort wie meine Kinder von meinem Damals. Mit dem konnten sie nichts anfangen. Es ist ihnen zu ungenau, zu unwirklich. Darum haben sie es mir abgewöhnt, mein Damals gegen ihr Jetzt auszuspielen. Vor allem meine jüngste Tochter Sophie. Sobald ich im Gespräch bloß »Damals« oder »Im Krieg« sagte, straffte sich Sophie, setzte sich in Haltung, starrte mir in die Augen und brüllte Reime, die F. K. Waechter in seinem »Struwwelpeter« geschrieben hat: »Als ich noch im Kriege war, gab's Rübensuppe fast ein Jahr. Du sollst die Suppe essen. Ich werd mich sonst vergessen.« Ich hab mich nicht vergessen, dank Sophies Warnung. Ich habe nachgedacht. Wenn ich heute vom Krieg und aus meiner Kindheit erzähle, versuche ich Menschen so zu schildern, dass meine Kinder dabei sein und deren Angst und Hoffnung teilen können.

Aus: »Damals und jetzt«. Nachwort zu Margaret Klares, »Heute nacht ist viel passiert«, Weinheim 1989»

Bücher können das Leben nicht ersetzen. Aber mit ihnen kann man zurückgewinnen, was schon aufgegeben scheint. Sie können erzählen, den Kindern erzählen, von dem, was wir uns ausgetrieben haben, um voranzukommen. Sie können uns Helden zurückgeben, Liebende, Geschlagene, Verzweifelte, Hoffende. Sie können wärmen. Sie können beibringen, wie man zusammen lebt, was Nähe bedeutet. Sie können uns den verfluchten Wohlstandsegoismus austreiben. Sie dürfen und sollen sich aber nicht von unserer beschädigten Wirklichkeit abwenden, sondern sie aufreißen durch Rückgewinne und neue Erfahrungen.

Aus »Helft den Kindern, helft den Büchern!«, a.a.O.

Die Literatur hat einmal die Chance … aufgrund ihrer Empfindlichkeit nicht nur zu reagieren, sondern vorauswarnend zu erzählen und mögliche Verluste an Menschlichkeit zu beschreiben. Sie hat andererseits die Aufgabe, das, was wir sind und haben, wenn wir Menschen sind, auch den Menschen in seiner Geschichtlichkeit, so wiederzugeben, dass er sich immer wieder finden kann in der Literatur.

Aus: »Der Bürger ist sensibel geworden« (Werkgespräch mit Joachim Schmidt u. Hans Weissgerber) in: »Lutherische Monatshefte«, September 1983

Erinnerungen des Anfangs

Jeder, der mit Kindern umgeht, mit ihnen lebt, sollte eine Schule der Anfänge absolviert haben, sollte wie selbstverständlich teilnehmen können an den jeweils ersten Erfahrungen; und diese Erstmaligkeit nicht bloß respektieren, sondern hüten und pflegen. Wie viele erste Male gibt es in jeder Kindheit, in jeder Jugend!

Aus: »Von den Anfängen zwischen Himmel und Erde« FAZ, 17. 12. 1988

Ich möchte hinweisen auf die unerhörte Erfahrung des Anfangs. Auf die wunderbare Sammlung von Anfängen, die den Menschen ausmacht und weitertreibt. Ein Kind abenteuert von Beginn zu Beginn, wechselt mitunter in atemberaubender Geschwindigkeit die Erfahrung von Erstmaligkeiten. Es ist noch blind, wenn es zum ersten Mal Kälte erfährt, Wärme, Haut. Und dann, und dann: Eine wunderbare Kette von Anfängen. Die erste Freundschaft, das erste Wort, der erste Spaziergang, die erste Stadt, die erste Reise, zum ersten Mal ins Schwimmbad, zum ersten Mal auf dem Fahrrad, zum ersten Mal …

Zähle ich diese Erstmaligkeiten auf, so täusche ich mir und Ihnen natürlich auch etwa vor. Es handelt sich hier nicht nur um strahlende Erlebnisse, sondern ebenso um Schrecken und Niederlagen. Aber auch sie zum ersten Mal. Was für eine Herausforderung für den Schriftsteller! Er kann mit denen, die er beschreibt und für die er schreibt, immer von neuem die Kontinente der Gefühle und Erfahrungen erkunden. Das heißt: Wir Erwachsenen sind zwar längst in der Wiederholung verfangen, können gar nicht mehr davon absehen, Erfahrungen zu vergleichen, und müssen dennoch erzählend auf den Kern kommen. Auf den Anfang. Damit wird nichts beschönigt. Denn der erste Schmerz, die erste Enttäuschung, der erste Streit mit der Mutter, dem Vater, die erste Strafe und die erste Trauer sind so stark, gehen meist so tief, dass wir sie unser ganzes Leben nicht verwinden, allenfalls verdrängen. So wie auch die Erinnerung an die erste Liebe, den ersten Freund, die erste große Trennung von zu Hause. Woraus auch klar wird, dass nicht ein Thema ausgespart zu werden braucht. Es kann thematisch keine Tabus in der Literatur für Kinder geben.

Aus: »Der Anspruch der Kinderliteratur«, Rede im Institut für Jugendbuchforschung der Universität Frankfurt, 28. 6. 1991, in: »Jahresgabe 1991«, Freundeskreis des Instituts

Wirklichkeit und Phantasie

Ich bestehe nicht auf Wahrheit – das kann ich nicht –, aber ich bestehe auf der Wirklichkeit meiner Sätze. Beschriebene Wirklichkeit ist – wenn sie notgedrungen und mit dem ganzen Wissen des Autors beschrieben ist – immer ein Stück Wahrheit. Nur dann kann man die wahre Haut oder die Haut der Wahrheit um den Kern der Wirklichkeit auch abschälen. Wer anderer Ansicht ist, kann diese wahre Haut einklagen, er kann aber nie die beschriebene Wirklichkeit einklagen. Hier liegt ein Grundunterschied; vielleicht auch ein Stück Ideologie, das in jeder Kunst steckt.

Aus »Befristete Hoffnung« (Werkgespräch mit Uwe Hornauer u. Hans Norbert Janowski) in: »Evangelische Kommentare«, Juni 1987»

Was alles wird der kindlichen Phantasie durch die Bilder genommen? Den Kindern wird ein Bild gemacht; sie können sich keines mehr selber machen. Ihre Phantasie ruht. Sie brauchen sich nichts mehr vorzustellen, es wird ihnen vorgestellt. Ganze Welten werden fixiert: So leben die Reichen in Spanien, so die Armen in Amerika. So, wie dieser Schauspieler, so und nicht anders sieht der Lederstrumpf, sieht Natty Bumppo aus, so und nicht anders Don Quijote. Wir imaginierten Natty Bumppo noch, und sein Wesen, seine Gestalt veränderten sich mit unseren Erfahrungen, unserem Alter. Er wandelte sich mit uns. Er wuchs mit uns und in unsere Vorstellungswelt hinein.

Aus: »Helft den Bücher, helft den Kindern!«, a.a.O.

Die Krise des Erzählens, der Fiktion charakterisiert nichts anderes als die Furcht des Zeitgenossen vor der Phantasie. Er ist unsicher geworden, er wünscht »genaue Information«. Diese Hybris des Realitätsdenkens entspricht einer Zeit, in der Spezialisten nur noch mit Spezialisten reden können und jegliche Information für bare Münze

genommen wird, obwohl sie, sehr häufig, den Sachverhalt verschleiert. Es ist eine Wissenschaftlichkeit, die sich mit dem Klischee und dem Jargon abfindet und sich darum vor der ungesicherten Erfindung schützt. Das wird, das muss sich ändern, da der Mensch in der Geschichte diese intellektuelle Verarmung auf die Dauer nicht hinnehmen kann. Er braucht die erzählten und gedachten Entwürfe seiner selbst.
Aus: »Furcht vor der Phantasie« (Werkgespräch) in: »Buchmarkt«, Nr. 11, 1971

Wir wissen mehr über die Sprache, über die Erinnerung. Wir wissen auch mehr über die Phantasie. Wir zögern, ehe wir erfinden. Wir zögern, zu erfinden. Eben dieses Zögern wird Bestandteil des Erzählens sein.
ebenda

Warum schreibe ich für Kinder?

Ich schreibe für Kinder aus zwei Gründen: Erstens, weil ich die Wirklichkeit der Kinder als eine erkenne, die zugleich auf die Möglichkeit des menschlichen Überlebens verweist. Zweitens, weil alle Kunst (und ohne die Künste wären wir erst recht verloren) von den Anfängen zehrt, die irgendwann in den großen Mythen Paradies hießen und die schlichter, aber auch verpflichtender Kindheit genannt werden könnten. Ich kann keine Paradiese schildern. Die haben wir alle im Lauf von wenigen Weltsekunden verraten, vergessen. Ich kann aber den Anschein künftigen gemeinsamen, friedvollen Lebens in stetig veränderten Ansätzen, in ständig befragten Anfängen erzählen. Wer für Kinder schreibt, sollte beherzt und streitbar mit unserer geschundenen Wirklichkeit umgehen – also Realist sein. Und er sollte gleichermaßen die Hoffnung in diese Wirklichkeit pflanzen als ein unsichtbar wirksames Zuhause, sollte also Utopie nicht scheuen.«
Aus: »Von den Anfängen zwischen Erde und Himmel«, FAZ, 17. 12. 1988

Wenn ich für Kinder schreibe, kann ich nicht abstrahieren, was ich im Roman selbstverständlich tue. Ich kann sozusagen Handlungen beschleunigen, indem ich abstrahiere, Gedanken zusammenfassen.

Foto: Walter Buckl

Peter Härtling macht viele Lesungen für Kinder. Oft ist er in Schulen und diskutiert mit ihnen. Hier signiert er seine Bücher in Eichstätt, im Juli 1997.

Wenn ich für Kinder schreibe, muss ich auch das, was ich sonst abstrahiere, erzählen, das heißt, ich kann aus der Anschaulichkeit nie raus. Und selbst in der Metaphorik muss ich aufpassen, dass sie ins Anschauliche übersetzbar bleibt, direkt übersetzbar ist. Das ist ganz wesentlich, und das ist, finde ich, unglaublich präzise Schule des Schreibens. Für mich dies nicht ein Schreiben auf einem Niveau, das weiter unten liegt, sondern es ist eine Art sehr, sehr empfindliches Trampolin der Sprache, auf dem ich mich da bewege. Da merk ich die Fehler noch viel eher als im Roman.

Aus: »Gespräch mit Peter Härtling« in: »Deutschunterricht« 2/1991, Volk und Wissen, Berlin

Probleme können so mitgeteilt werden, dass sie einem nicht nur finster gegenübertreten, sondern dass man auch Spaß hat, die Probleme mit den Buchfiguren, mit denen man sich identifiziert, zu lösen und zu überwinden. Man kann problembewußte Geschichten so schreiben, dass die Kinder nicht vergrätzt, sondern dass sie mitgerissen werden.

Aus: »Moderner Kinderliteratur fehlt der reale Halt« (Werkgespräch mit Birgit Leonhardt) in: »Buchreport«, Oktober 1984»

Ich bin Schriftsteller, kein Soziologe, kein Therapeut. Und ich weiß, dass Bücher die Wärme nicht ersetzen können, die Haut, den Atem, auch nicht das Gespräch. Bücher sind einseitige Gesprächspartner, geben nur dann Antworten auf Fragen, wenn man sie richtig wählt, das Richtige zu finden weiß. Dennoch können Bücher das Schweigen in Köpfen brechen; sie können allerdings ebenso Köpfe verführen und verkleistern. Sie können fatale Fluchthelfer sein …

Aus: »Helft den Büchern, helft den Kindern!«, a.a.O.

Ich hatte eine sehr komplizierte Kindheit und Jugend dadurch, dass ich meine Eltern sehr früh verlor, dass ich noch ziemlich harte Kriegserfahrungen hatte, dann alleine aufwuchs, Freunde suchte, einen Halt suchte. Alle diese Empfindungen, diese Ratlosigkeit, diese Verwundungen sind wahrscheinlich übermäßig stark. Dieses sehr starke Ausgesetztsein hat vermutlich dazu geführt, dass die Jugenderfahrungen sich immer wieder nach vorne drängten, weil es Urerfahrungen sind. Die Suche nach Menschen, die Suche nach Halt, die Suche nach Liebe, gravierende Verluste, Tod: Das kriege ich sicher nicht mehr aus dem Kopf.

Aus: »Der Bürger ist sensibel geworden«, a. a. O.

Ich bin ein Leser

Mit Büchern bin ich aus der Wirklichkeit geflohen; mit Büchern bin ich in sie zurückgekehrt. Ich habe, lesend, meine Umgebung vergessen, um die Umgebungen anderer zu erkunden. Auf Sätzen bin ich durch die Zeiten gereist und rund um die Erde. Bücher haben mir Angst gemacht, und Bücher haben mich ermutigt. Sie sind meine Waffe. Eine andere habe ich nicht und will ich nicht haben. Mit Büchern bin ich aufgewachsen und älter geworden. Manche von ihnen begleiten mich seit beinahe vierzig Jahren, und wenn ich sie wieder lese, verwandle ich mich in ein Kind, bis ich merke, dass die inzwischen gesammelten Erfahrungen den Text unterlaufen, die Arglosigkeit verschwunden ist.

Aus: »Texte sind Gefährten«, Vorwort zu »Mein Lesebuch«, Frankfurt/M. 1979

Ich war mehr als nur ein normaler Leser, ich war besessen und bin es bis heute. Ich lese, wo ich gehe, stehe, sitze, liege. Wenn ich nicht schreibe, quatsche oder mich mit meiner Familie oder mit Freunden unterhalte, dann lese ich. Das hat sehr früh begonnen, so mit sechseinhalb bis sieben Jahren fing ich nicht nur an zu lesen, sondern fing ich auch an, mich für die Bücher meiner Eltern zu interessieren. Meine Mutter war eine große Leserin – mein Vater auch, aber meine Mutter besonders – und eine eifrige Benutzerin von Bibliotheken. Und so war ich eigentlich mit acht bereits bibliothekskundig, hab nie davon abgelassen bis heute ... Ich kann dadurch auch an alles heran, an jede Form von Literatur. Ich erinnere mich beispielsweise an ein Buch, »Nora oder Ein Puppenheim« von Ibsen, das habe ich allerdings zu Hause aus dem Schrank geholt, ein Drama; ich las von Nora – und obwohl ich eigentlich gar nichts verstand, begriff ich, dass das was ganz Tolles sein musste, dass da etwas dahinter steckt, was Erwachsene außerordentlich beschäftigt, was vielleicht sogar verboten ist, außerdem in einer Sprache, die ich noch nicht so richtig mitkriegte, und das hat mich so gereizt, dass ich mich angestrengt nach oben las in die nächste Etage.

Aus: »Wir Dichter brauchen eure Phantasie!« (Werkgespräch mit Hannelore Daubert) in: »Peter Härtling für Kinder«, Sonderheft »Der Bunte Hund«, Weinheim 1989

Ich habe eine feste Arbeitszeit

Mein erste Buch, die Gedichte, die in meinem ersten Buch stehen, schrieb ich mit sechzehn. Angefangen zu schreiben habe ich wohl mit vierzehn als Schüler. Ich hatte keine Eltern mehr; mein Vater war in der Kriegsgefangenschaft gestorben; meine Mutter ein Jahr später, sie hat sich das Leben genommen, und ich war sicher ein wahnsinnig schwieriger Schüler, ein kompliziertes Kind. Nun machen komplizierte Kinder auf verschiedene Weise auf sich aufmerksam: Die einen randalieren, die anderen sind ganz verschlossen, die dritten schreien oder zerschlagen was, ich hab geschrieben.

Aus: »Wir Dichter brauchen eure Phantasie«, a. a. O.

Wie lange ich an einem Buch schreibe, das hängt vom Umfang des Buches ab, auch vom Inhalt des Buches. An einem Buch wie dem

»Hirbel« oder »Ben liebt Anna« schreibe ich ungefähr fünf Monate, meistens entsteht das Buch in drei, vier, fünf oder sechs Anläufen, also nicht auf einmal. Manche Kapitel schreibe ich vier-, fünfmal, bis sie sich richtig anhören. Ich spreche sie mir auch immer vor, vor allem die Dialoge.

Ich habe eine feste Arbeitszeit, denn in jedem von uns sitzt ein riesiger Faulpelz, und wenn es keine Kolleginnen oder Kollegen gibt, die einen beobachten, oder keine Stechuhr, die einen zwingt, muss man sich selber zwingen und sich die Arbeitszeit einteilen. Ich arbeite etwa von acht, halb neun bis halb zwei. Da ist es dann auch egal, wieviel ich schreibe, ob das, was ich geschrieben habe, dann auch taugt. Das ganz Wichtige ist, dass ich dranbleibe, vor allem auch bei Romanen für Erwachsene. Ich hab ein ganz dickes Buch geschrieben, »Hölderlin«, das ist etwa 600 Seiten dick, da hab ich fast drei Jahre dran geschrieben. Da ist es dann wichtig, dass man den Ton nicht aus dem Ohr verliert, so wie das Buch klingt. So gegen zwei essen meine Frau und ich dann zu Mittag. Dann nachmittags – wenn's gut läuft, schreibe ich natürlich weiter, wenn's nicht gut läuft, mache ich Post, ich krieg Stapel von Post. Am Abend – das ist jetzt ein wichtiger Augenblick –, am Abend setze ich mich grundsätzlich hin und überlege die nächsten Sätze für den nächsten Morgen. Da der Morgenkopf nicht gerade der hellste ist, braucht er schon ein bisschen Futter, und für dieses Futter sorge ich abends. So sieht mein Arbeitstag aus, wenn ich nicht verreist bin. Aber wenn ich an einem Buch sitze, lehne ich Termine, Lesetermine zum Beispiel, meistens ab. ●

ebenda

Biographische Notiz

Peter Härtling, geboren am 13.11. 1933 in Chemnitz als Sohn eines Rechtsanwalts; ab 1941 in Olmütz. 1945 Flucht nach Zwettl (Niederösterreich); Tod des Vaters in einem russischen Kriegsgefangenenlager. 1946 Umsiedlung nach Nürtingen; Freitod der Mutter. Nach Abbruch des Gymnasiums kurze Fabriktätigkeit; Besuch der Bernstein-Schule bei HAP Grieshaber. Von 1952–1954 Volontär in der Lokalredaktion der »Nürtinger Zeitung«; 1954–1955 Redakteur bei der »Heidenheimer Zeitung«; 1956–1962 Feuilletonredakteur bei der »Deutschen Zeitung«. 1959 Heirat mit Mechthild Maier, Psychologin. 1962 Redakteur bei der Zeitschrift »Der Monat«, seit Mai 1964 Mitherausgeber. 1965 Lesung auf der Berliner Tagung der Gruppe 47; Mitarbeiter im »Wahlkontor deutscher Schriftsteller« für die SPD. Anfang 1967 Cheflektor des S. Fischer-Verlages in Frankfurt, dort seit 1968 Sprecher der Geschäftsleitung; 1970 legt er die Redaktion des »Monat« nieder, 1973 scheidet er aus der Geschäftsführung des S. Fischer-Verlages aus; seitdem freier Schriftsteller. 1977 Stadtschreiber von Bergen-Enkheim; »Dozentur für Poetik« an der Universität Frankfurt/M. im Wintersemester 1983/84. Mitglied des PEN-Zentrums der Bundesrepublik Deutschland, der Akademie der Künste in Berlin, der Mainzer Akademie der Wissenschaften und der Literatur und der Deutschen Akademie für Sprache und Dichtung in Darmstadt. Peter Härtling lebt in Mörfelden-Walldorf.

Bibliographie

Bücher von Peter Härtling bei Beltz & Gelberg: *Das war der Hirbel*, Erzählung, 1973. Bilder von Eva Muggenthaler (Neuausgabe 1998); *Oma*, Erzählung, 1975. Bilder von Peter Knorr (Neuausgabe 1990); *Theo haut ab*, Erzählung, 1977. Bilder von Peter Knorr (Neuausgabe 1990); *Ben liebt Anna*, Roman, 1979. Bilder von Eva Muggenthaler (Neuausgabe 1997); *Sofie macht Geschichten*, 1980. Bilder von Jutta Bauer (Neuausgabe 1986); *Alter John*, Roman, 1981. Bilder von Renate Habinger; *Jakob hinter der blauen Tür*, Roman, 1983. Bilder von Sabine Friedrichson; *Und das ist die ganze Familie*, Tagesläufe mit Kindern, 1984 (Neuausgabe mit Bildern von Frank Ruprecht); *Krücke*, Roman, 1986 Bilder von Sophie Brandes; *Geschichten für Kinder*, 1988. Bilder von Peter Knorr; *Fränze*, Roman, 1989. Bilder von Peter Knorr; *Peter Härtling für Kinder*, Sonderheft *Der Bunte Hund*, 1989. Mit vielen Illustrationen und Fotos; *Mit Clara sind wir sechs*, Roman, 1991. Bilder von Peter Knorr; *Peter Härtling Erzählbuch,* Geschichten, Gedichte, Texte, Proben, Reihe »Kinderbibliothek« 1992. Mit vielen Illustrationen und Fotos; *Lena auf dem Dach*, Roman, 1993. *Ausgewählte Romane für Kinder in zwei Bänden*, »Reihe Kinderbibliothek«, 1993. *Jette*, Roman, 1995; *Tante Tilli macht Theater*, Roman 1997.

Alle Bücher von Peter Härtling – bis auf *Und das ist die ganze Familie* und *Tante Tilli macht Theater* – sind auch als Gulliver Taschenbuch lieferbar. Außerdem gibt es zu den meisten Romanen von Peter Härtling Lehrerbegleithefte (siehe Seite 2).

Bücher von Peter Härtling in anderen Verlagen: *poeme & songs*, Gedichte, Bechtle Verlag: Eßlingen 1953; *Yamins Stationen*, Gedichte, Bechtle Verlag: Eßlingen 1955; *in Zeilen zuhaus*, Essays, Neske Verlag: Pfullingen 1957; *Unter den Brunnen*, Gedichte, Bechtle Verlag: Eßlingen 1958; *Im Schein des Kometen*, Roman, Goverts Verlag: Stuttgart 1959; *Palmström grüßt Anna Blume*, Essay und Anthologie, Goverts Verlag: Stuttgart 1961; *Spielgeist, Spiegelgeist*, Gedichte, Goverts Verlag: Stuttgart 1962; *Niembsch oder Der Stillstand*, Eine Suite, Goverts Verlag: Stuttgart 1964; *Janek*, Porträt einer Erinnerung, Goverts Verlag: Stuttgart 1966; *Vergessene Bücher*, Hinweise und Beispiele, Goverts Verlag: Stuttgart 1966; *Das Familienfest oder Das Ende der Geschichte*, Goverts Verlag: Stuttgart 1969; *Und das ist die ganze Familie*, Tagesläufe mit Kindern, Georg Bitter Verlag: Recklinghausen 1970; *Gilles*, Ein Kostümstück aus der Revolution, Goverts Verlag: Stuttgart 1970; *Ein Abend, eine Nacht, ein Morgen*, Eine Geschichte, Luchterhand Verlag: Darmstadt 1971; *Neue Gedichte*, J. G. Bläschke Verlag: Darmstadt, o.J. (1972); *Zwettl*, Nachprüfung einer Erinnerung, Luchterhand Verlag: Darmstadt 1973; *Eine Frau*, Roman, Luchterhand Verlag: Darmstadt 1974; *Zum laut und leise Lesen*, Geschichten und Gedichte für Kinder, Luchterhand Verlag: Darmstadt 1975; *Hölderlin*, Ein Roman, Luchterhand Verlag: Darmstadt 1976; *Anreden*, Gedichte aus den Jahren 1972–1977, Luchterhand Verlag: Darmstadt 1977; *Ich rufe die Wörter zusammen*, Gedichte aus den Jahren 1983 und 1984, Pfaffenweiler Presse: Pfaffenweiler 1984; *Hubert oder die Rückkehr nach Casablanca*, Roman, Luchterhand Verlag: Darmstadt 1978;

Ausgewählte Gedichte 1953–1979, Luchterhand Verlag: Darmstadt 1979; *Mein Lesebuch*, Fischer Taschenbuch Verlag: Frankfurt/M. 1979; *Sätze von Liebe*, pavel pan Presse: Dreieichenhain o. J. (1980); *Nachgetragene Liebe*, Luchterhand Verlag: Darmstadt 1980; *Der wiederholte Unfall*, Erzählungen, Philipp Reclam jun.: Stuttgart 1980; *Meine Lektüre*, Literatur als Widerstand, Essays, Luchterhand Verlag: Darmstadt 1981; *Die dreifache Maria*, Eine Geschichte, Luchterhand Verlag: Darmstadt 1982; *Über Heimat*, Eine Rede, Verlag der Buchhandlung Aigner: Ludwigsburg 1982; *Vorwarnung*, Gedichte, Luchterhand Verlag: Darmstadt 1983; *Das Windrad*, Roman, Luchterhand Verlag: Darmstadt 1983; *Für Ottla,* Erzählung, Pfaffenweiler Presse: Pfaffenweiler 1983; *Der spanische Soldat oder Finden und Erfinden*, Frankfurter Poetik-Vorlesungen, Luchterhand Verlag: Darmstadt 1984; *Und hören voneinander,* Reden aus Zorn und Zuversicht, Radius Verlag: Stuttgart 1984; *Ich rufe die Wörter zusammen*, Gedichte aus den Jahren 1983 u. 1984, Pfaffenweiler Presse: Pfaffenweiler 1985; *Felix Guttmann*, Roman, Luchterhand Verlag: Darmstadt 1985; *Zueignung*, Über Schriftsteller, Erinnerungen an Dichter und Bücher, Radius Verlag: Stuttgart 1985; *Brief an meine Kinder*, Radius Verlag: Stuttgart 1986; *Die Mörsinger Pappel*, Gedichte, Luchterhand Verlag: Darmstadt 1987; *Waiblingers Augen,* Roman, Luchterhand Verlag: Darmstadt 1987; *Der Wanderer*, Luchterhand Verlag: Darmstadt 1988; *Die Gedichte 1953–1987*, Luchterhand Verlag: Darmstadt 1989; *Briefe von drinnen und draußen*, Gedichte, Radius Verlag: Stuttgart 1989; *Wer vorausschreibt, hat zurückgedacht,* Essays Luchterhand Verlag: Darmstadt 1990; *Herzwand*, Mein Roman, Luchterhand Literaturverlag: Frankfurt/M. 1990; *Noten zur Musik*, Radius Verlag: Stuttgart 1990; *Der letzte Elefant*, Gedichte, Otto Maier: Ravensburg 1991; *Engel – gibt's die?* Gedichte, Radius Verlag: Stuttgart 1992; *Schubert*, Zwölf Moment musicaux und ein Roman, Luchterhand Literaturverlag: Hamburg 1992; *Das Land, das ich erdachte*, Gedichte 1990–1993, Radius Verlag: Stuttgart 1993; *Gesammelte Werke*, Band 1–3, Luchterhand Literaturverlag: Hamburg 1993, *Das wandernde Wasser* – Musik und Poesie der Romantik, Salzburger Vorlesungen 1994, Radius Verlag: Stuttgart 1994; *Bozena*, Eine Novelle, Verlag Kiepenheuer & Witsch: Köln 1994; *Schumanns Schatten*, Roman, Verlag Kiepenheuer & Witsch: Köln 1996; *Horizonthaler*, Neue Gedichte, Verlag Kiepenheuer & Witsch: Köln 1997; *Melchinger Winterreise*, Stationen für die Erinnerung, Radius:

Stuttgart 1998; *Große, kleine Schwester*, Roman, Verlag Kiepenheuer & Witsch: Köln 1998.

Bücher über Peter Härtling: *Materialienbuch*, hrsg. von Elisabeth u. Rolf Hackebrecht, Luchterhand Verlag: Darmstadt 1979; Burckhard Drücker, *Peter Härtling* (Autorenbücher), C. H. Beck Verlag: München 1983, Peter Härtling, *Auskunft für Leser*, hrsg. von Martin Lüdke, Luchterhand Verlag: Darmstadt 1988; *Peter Härtling im Gespräch*, hrsg. von Klaus Siblewski, Luchterhand Literaturverlag: Frankfurt/M. 1990; *Festgabe zum 60. Geburtstag für Peter Härtling,* hrsg. von Peter Bichsel, Radius Verlag: Stuttgart 1993; *und gehe in Worten spazieren,* Briefe an Peter Härtling 1953–1993; Luchterhand Literaturverlag: Hamburg 1993

Preise: Kritikerpreis (1964); Ehrengabe des Kulturkreises im Bundesverband der Deutschen Industrie (1965); Prix du meilleur Livre Étranger (1966); Gerhart-Hauptmann-Preis der Freien Volksbühne Berlin (1971); Schubart-Preis der Stadt Aalen (1970); Deutscher Jugendbuchpreis (1976), Wilhelmine-Lübke-Preis des Kuratoriums Deutsche Altershilfe für *Oma* (1978); Zürcher Kinderbuchpreis »La vache qui lit« für *Ben liebt Anna* und *Sofie macht Geschichten* (1980); Naturschutzpreis der Kreisgruppe Groß-Gerau des Bundes für Umwelt- und Naturschutz (1982); Hölderlin-Preis der Stadt Bad Homburg v. d. H., Hermann-Sinsheimer-Preis, Preis der Leseratten (für *Krücke* (1987); Ehrensenator der Universität Tübungen (1988); Nominiert für den H.C. Andersen-Preis (1990); Lion-Feuchtwanger-Preis der Akademie der Künste Berlin/Ost (1992); Großes Bundesverdienstkreuz, Professor h.c. des Landes Baden-Württemberg (1994); Stadtschreiber von Mainz (1995); Karl-Preusker-Medaille der deutschen Literaturkonferenz, Wilhelm-Leuschner-Medaille des Landes Hessen (1996); Voerder Jugendbuchpreis (1997).

Bücher von Peter Härtling

Lena auf dem Dach

Roman. Geb., 136 Seiten (79614), Gulliver Taschenbuch (78270) *ab 12*
Seit Lena weiß, dass sich ihre Eltern trennen wollen, ist sie wie aus allen Träumen gerissen. Lena und ihr Bruder protestieren heftig. Und sie ist empört, weil ihre Eltern nicht mit ihr reden wollen …

Mit Clara sind wir sechs

Roman. Bilder von Peter Knorr
Geb., 152 Seiten (80081), Gulliver Taschenbuch (78243) *ab 10*
Das Haus, in dem die fünf Scheurers wohnen, ist ein bisschen eigenartig. Aber bei den Scheurers ist immer etwas los. So richtig spannend wird es, als Clara, das jüngste Scheurer-Kind geboren wird.

Oma

Erzählung. Bilder von Peter Knorr
Geb., 96 Seiten (80065), Gulliver Taschenbuch in neuer Rechtschreibung (78101) *ab 8*
Die Geschichte von Kalle, der seine Eltern verliert und von seiner Großmutter aufgenommen wird.
Deutscher Jugendbuchpreis

Theo haut ab

Roman. Bilder von Peter Knorr
Geb., 128 Seiten (80064), Gulliver Taschenbuch (78014) *ab 8*
Eines Tages läuft Theo weg, und es passiert viel, ehe er wieder zurückkommt. Zum Glück findet er unterwegs einen Freund.

Jette

Roman. Geb., 112 Seiten (79683), Gulliver Taschenbuch in neuer Rechtschreibung (78300) *ab 12*
Eines Tages freundet sich Jette mit dem alten Buchhändler, Herrn Topf, an. Sie staunt, was dieser bücherverrückte Mann alles zu erzählen weiß, von Tom Sawyer, dem kleinen Muck und Jettchen Gebert. So öffnet sich eine ganz neue Welt für Jette. Bis ein furchtbarer Verdacht aufkommt …

Alter John

Roman. Bilder von Renate Habinger
Geb., 108 Seiten (80584), Gulliver Taschenbuch in neuer Rechtschreibung (78035) *ab 10*
Seit Alter John bei den Schirmers ist, passiert jeden Tag etwas! Denn Alter John hält alle und jeden in Atem. Aber Alter John wird auch krank, und eines Tages stirbt er.

Ben liebt Anna

Roman. Bilder von Eva Muggenthaler
Geb., 80 Seiten (79728), Gulliver Taschenbuch in neuer Rechtschreibung (78001), weiterhin lieferbar (78276) mit Bildern von Sophie Brandes *ab 9*
Der neunjährige Ben liebt Anna, das Aussiedlermädchen. Und auch Anna hat ihn eine Weile sehr lieb. Es ist für beide eine schöne, aber auch schwierige Zeit.
Zürcher Kinderbuchpreis »La vache qui lit«, Auswahlliste Deutscher Jugendliteraturpreis

Beltz & Gelberg
Beltz Verlag, Postfach 10 01 54, 69441 Weinheim

Bücher von Peter Härtling

Das war der Hirbel

Erzählung. Bilder von Eva Muggenthaler
Geb., 64 Seiten (79789), Gulliver Taschenbuch in neuer Rechtschreibung (78218) *ab 9*
Seit Hirbel denken kann, lebt er bei fremden Menschen. Seine Mutter kümmert sich nicht um ihn, und er hat gelernt, in Heimen zu leben.
Auswahlliste Deutscher Jugendliteraturpreis

Fränze

Roman. Bilder von Peter Knorr
Geb., 112 Seiten (80033), Gulliver Taschenbuch (78170) *ab 11*
Fränze, die gern Geige spielt, muss miterleben, wie schwer es ihre Eltern miteinander haben; ihr Vater ist arbeitslos und zieht aus. Fränze möchte helfen, aber wie?

Jakob hinter der blauen Tür

Roman. Bilder von Sabine Friedrichson
Geb., 104 Seiten (80197), Gulliver Taschenbuch (78073) *ab 10*
Nach Vaters Tod kommt Jakob mit sich und seiner Umwelt nicht mehr zurecht. Er macht dumme Streiche und verkriecht sich in seine Phantasiewelt

Tante Tilli macht Theater

Roman. Geb., 112 Seiten (79759) *ab 10*
Die Geschichte von David, der Paula liebt und es nicht sagen kann, ist zugleich eine Vater-Sohn-Geschichte. Und dann wirbelt noch Tante Tilli durch die Seiten dieses Buches und sorgt für allerschönstes unterhaltendes Theater.

Krücke

Roman. Geb., 150 Seiten (79711), Gulliver Taschenbuch (78178) *ab 11*
In den Nachkriegswirren verliert der neunjährige Thomas seine Mutter und ein Kriegsinvalide, »Krücke« genannt, nimmt sich seiner an. Zusammen erleben beide die Schwarzmarktzeit, den Kampf ums Überleben, die Heimreise im Güterzug. Eine große Freundschaft entsteht.

Sofie macht Geschichten

Farbige Bilder von Jutta Bauer
Geb., 68 Seiten (79609), Gulliver Taschenbuch (78028) *ab 6*
Sofie ist fast sieben Jahre alt und geht in die erste Klasse. Ihre Geschichten erzählen vom Alltag: von der Aufregung um Klemens, vom Streit mit ihrem Freund Olli, oder wie es gehen kann, wenn man ganz alleine Pudding kocht.
Zürcher Kinderbuchpreis »La vache qui lit«

Geschichten für Kinder

15 Erzählungen. Mit Bildern von Peter Knorr
Geb., 136 Seiten (80024), Gulliver Taschenbuch (78292) *ab 10*
Die Kindergeschichten von Peter Härtling erzählen vom Familienleben, von Träumen und Ausreißern und von alltäglichen Ereignissen, vom Hunger in der Notzeit oder auch vom »Fundevogel« im Märchen.

Beltz & Gelberg
Beltz Verlag, Postfach 10 01 54, 69441 Weinheim

Gulliver Taschenbuch 709

Christine Nöstlinger, geboren 1936, lebt in Wien. Sie veröffentlichte Gedichte, Romane, Kinderbücher. Im Programm Beltz & Gelberg sind u.a. erschienen: *Wir pfeifen auf den Gurkenkönig* (Deutscher Jugendbuchpreis), *Andreas oder Die unteren sieben Achtel des Eisbergs, Maikäfer flieg!* (Buxtehuder Bulle und Holländischer Jugendbuchpreis), *Hugo, Das Kind in den besten Jahren, Pfui Spinne!, Oh, du Hölle!, Zwei Wochen im Mai* und *Bonsai.* 1984 wurde sie für ihr Gesamtwerk mit der internationalen Hans-Christian-Andersen-Medaille ausgezeichnet.